三河のペスタロッチたち

三河の風土に生きた教師

安井克彦 編著

黎明書房

はじめに

私淑している教育学者に愛知県出身の中野光（ペスタロッチー教育賞受賞者）がいる。岡崎高等師範学校から東京文理科大学（現筑波大学）に進み、教育史を研究した。氏は、昭和二〇年八月一五日、海軍兵学校にいたが、敗戦で、打ちひしがれて海部郡立田村の自宅に帰った。信じ込まされていたことがすべて虚偽とわかり、大人たちが信用できなくなり、失意と挫折感に苛まれていた。そんな折、国民学校の校長をしていた父に、「お父さんには信ずるに足りる人はいるのか」とたずねたら、しばし沈黙のあとで、「やはりペスタロッチーだなあ」という答えが返ってきたという。(1)

ペスタロッチは教育学を学ぶ教師や学生の憧れの教育者である。今、教職五〇年を終えて静かに振り返ってみると、子どもの心にどれほど灯をともすことができたであろうか。慙愧の念に堪えない。

しかし、私の住む三河には、真の教育者は多いように思われる。私の憧れる教師たちである。ここではそのなかで二二人の教師をとりあげた。実際はペスタロッチのような教育者で私が知らない教師がいっぱいいらっしゃるような気がする。それを私の「独断と偏見」で選定させていただいた。識者からお叱りを受けるかもしれないが、ここにとりあげた先生はいずれも素晴らしい教師ばかりである。私の惚れ込んでいる先生である。きっとこの著書を読まれれば、読者もそう思われるに違いない。

また、本書を執筆した一五人の執筆者も、私を除いて素晴らしい教師たちである。私の最も信頼し、尊敬している同級生や後輩の教師たちである。三河の小・中学校の現場で真心を費やした教師ばかりである。それこそペスタロッチのような教師たちである。本来ならば、この執筆者ご自身のことを書いてくださってもよかったとさえ思っている。

ペスタロッチは、もともとスイスの片田舎で孤児や貧民の子などの教育に従事した。と同時に、その生涯において理想の教育を模索し、子どもを教育した教育実践家である。本書ではこの本来のペスタロッチを拡大解釈して、真の教育者、理想の教育者をペスタロッチと規定した。

ある人が語っている。「ペスタロッチが語られなくなってから教育は荒廃した」と。「確かに、学校はかつてないほどの低迷状態にある。教師の気力も驚くほど落ちている。」(2) これは決して教師だけの責任ではないが、とにかく教師の奮起を期待したい。今こそ、教育現場ではペスタロッチ精神を蘇らすべきではないであろうか。

本書で、ここにとりあげた二二人の教師の生きざま、教師としてのあり方を学んだ教師たちが、教師の魅力を会得し、気力と情熱を持って、教育実践にあたっていただければ幸いである。本書がそのための一助となれば望外の喜びである。

令和元年五月　潮騒を聞く浜名湖畔にて　編著者　安井克彦

参考文献

(1) 中野光『日本のペスタロッチーたち』つなん出版、平成一七(二〇〇五)年、五頁。

(2) 上田薫『よみがえれ教師の魅力と迫力』玉川大学出版部、平成一一(一九九九)年、三頁。

目次

2　堅実な学校経営をした教師

3　特色ある教育経営をした教師

第1章　三河の教育的風土と教育研究

三河の教育的風土

三河には独特の教育的風土がある。いや教育的風土だけではない。三河人には独特の気質がある。同じ愛知県にあっても、名古屋や尾張とは違った気質である。もちろん、教師や学生の気質においても、そんなことが言える。かつて、愛知学芸大学（現愛知教育大学）には名古屋分校と岡崎分校があり、後期になると岡崎分校（本校）で一緒になるわけだが、名古屋分校の学生はスマートで要領がよく、岡崎分校の学生は真面目で実直、要領の悪さが目立ったという評判であった。これを裏返して言えば、三河の学生は愚直で仕事は遅いが、思いやりのある、真面目な学生が多いといったことが言えるのではないであろうか。

これは山が多く自然が豊かで、生活の素朴さが昔のままに残っているという三河の土地柄から来ていると思われる。これらは、自ずとそれぞれの学校や職員室の雰囲気をつくりあげる。三河と尾張・名古屋の教師の姿勢を比較すると、立ち回りが下手で、資料を作ったりする下積みの事務的な仕事をするのが三河で、訪問先などで前に出てうまく立ち回るのがその他の地域であると言えるかもしれない。もっとも人によって違うので一概には言えないが。

また、生徒の学習面では、例えば文部科学省の全国学力・学習状況調査を見ても、三河の子どもたちの学力はよく定着している。生徒指導面では、修学旅行で国会議事堂などの見学に行っても、三河の生徒はマナーがいいので、案内人が「あなたたちは三河ですね」と言われたという。学習指導・生徒指導の両面とも、三河はうまく機能しているということができる。三河の子は極めて健全だというわけである。

これらは、三河の先生方の勤務態度と大きく関係している。例えば運動会である。全国的にみると、運動会は日曜日以外が多いと聞く。大都市の一部では日曜日に運動会をやる学校はほとんどないそうである。保護者は日曜日にやってほしいと言うけれども、教師たちが平日にやれば良い、と反対するそうである。また、夏休みのプール指導でも、やらない学校が多い。夏休みにプールを開放しない学校は、三河ではほとんどない。

中学校の部活動も盛んで、午前七時半ごろ学校へ行けば、大半の生徒はもう学校に来ているというのが現状ではないか。これは先生方の奉仕と情熱で成り立っているわけであるが、生徒のための情熱やエネルギーがそうさせているのである。こういうことを言うと、働き方改革の折、何を言うかと叱られそうであるが、三河の先生たちは生徒のために心を痛めるという真面目さがある。こういうのが三河の教師の気質のような気がする。

三河には山間へき地校が多い。蒲郡市元教育長平岩尚文は「一途なる教師」という小論文のなかでへき地教師のことを書いている。若山牧水の「先生の一途なるさまも涙なれ家十ばかりなる村の学校に」を引用し、「三河の教師のよき伝統は、そのひたむきさにあります。一途に打ち込む三河の教師の姿にあると思います。そして労を惜しまず、知恵を尽くして、努力する気概ある姿だと強く信じ愛するところでもあります」(1)と述べている。三河の教師にはこういう一途な面が引き継がれているかも知れない。

三河の教育研究――三河教育研究会

さて、教師の教育研究の動向をみると、前にみたような教師の気質の上にたって、三河の教育研究が成り立っている。しかし、それらは一朝一夕にしてできたものではない。多くの紆余曲折があり、真面目な多くの先輩の並々ならぬ努力があって、今日の三河の教育が成り立っていると言わなければならない。

戦後の教育は素晴らしかった。愛知県だけでなく全国津々浦々で、教育改革が起こった。澎湃として沸き起こった新教育研究実践のグループができた。その典型が国分一太郎の『新しい綴方教室』、無着成恭の『山びこ学校』に見られる北方教育運動である。その愛知県版が全三河二〇団体からなる「愛知県作文教育者協議会」であり、「西三河作文の会」である。(2) いや国語だけでなく、社会科、理科、算数など、各専門分野の教師が集まって教育研究に乗り出した。西尾市でいえば、国語科の愛知作文の会、社会科の郷土研究会、理科の科学教育研究会等の組織があった。そういう研究団体は三河各地(市郡)につくられた。それらが大同団結して、三河教育研究会という組織を結成した。昭和三六年(一九六一)五月三〇日のことである。

三河教育研究会は、三河を単位にした組織で設立された。三河の小・中学校の全教員で組織された団体である。「会員相互の研修を深め、三河の小中学校の充実発展を図ること」を目的として発足した。現場の主体性に根差した教育研究組織であり、今年で創設六〇年を迎えた教育団体である。

もちろん、愛知県の先輩格、お手本の研究会があった。それが教育の先進県、長野県の信濃教育研究会である。これをアドバイスしたのが、後藤金好である。三河教育研究会の組織作りのために、代表の栗木茂一、岡田和幸らが長野県に出かけ、信濃の信濃教育会、信濃教育研究会等の歴史的経緯と実態、現状を調査してきて、三河の現状に合わせてその原形ができたのである。(3)

初代会長の渡辺黄一は「教育は三河から」「この声は名実ともに各界に定着して久しい」「われらの内に秘めたる誇りでもある」と会報『みかわ』第一号に記している。三河の校長会とそれまでの各教科の自主的な研究団体が両輪となって、三河教育研究会が出発した。この背景には、敗戦のどん底から日本が立ち上がるには、教育の充実以外に道はないと考えた先輩方が、血のにじむような思いで敗戦の虚脱感に立ち向かって設立したという事情がある。

結成後、愛教大附属岡崎小学校、県教育委員会等にあって、三河教育研究会の牽引車になった大賀真一は、「私は日ごろから強い使命感を基盤にした教育実践・研修・研究活動、自律的生活態度の重要性を痛感していましたが、三教研こそは国民の期待に添うものであると自負している」(4)としている。その論文のなかで、子どもや保護者の要望に応える組織が三河教育研究会だとしている。

歴代の会長の巻頭言を繙いてみると、地宗一郎（平成一一年度会長）は「授業を通して教育改革の展望を」、山村博保（平成一四年度）は「古きに新しきを交えて」、福應謙一（平成一九年度）は「子どもたちに真の学力を」、白井正康（平成二二年度）は「未来を開く鍵は歴史のなかに」など(5)を掲載している。それらの共通点は、三河には三河の教育の歴史と伝統があり、その上に立って、新しきものを追究すべきであると説いている点である。

平成二三年度会長の大山祐吉は「三河の風土と三河教育」という論文のなかで、三河の教育風土と三河人の特質を、「律儀」と「愚直」とし、それらが三河の教師たちに流れているとしている。それを授業研究を例にとって披瀝している。律儀に愚直に授業記録をとり、自分の為すべきことに真摯に取り組んでいることが三河の教師の使命だと結んでいる。(6)

また、平成二九年度（二〇一七）三河教育研究会長・白井博司は「三河教育の矜持」という論文の中で、「昭和三六年、産声をあげ、今年で五七年を迎えます。その間、多くの先輩方のたゆまぬ努力によって『実践に学び、実践を創る』を合い言葉に実践と伝統を築かれました」と言っている。「三教研という組織の中で、後輩は先輩に学び、先輩は後輩に刺激を受けることで、切磋琢磨し合う教育風土をより確かなものにしてこられました」としている。(7)

このようにみてくると、なんと素晴らしい組織・団体であろうか。このように機能している団体は全国どこをみてもほとんどない。三河教育研究会が手本にした信濃教育研究会ですら、第五代会長上田薫によれば、その精彩を欠いてきているとのことである。(8)その意味で六〇年も続いているこの教師集団は、子どもたちのために、三河魂を持って、同僚とともに専門家として成長するものであった。ここに三河の教育の矜持があったのではないか、と私は考えている。

『教育と文化』に見る「三河教育への提言」

三河教育研究会の役割が教師たちにとっていかに大きいかがよくわかる。三河教育研究の車の両輪(三河校長会と三河教育研究会)と、それを支える愛知教育文化振興会がある。それは『教育と文化』という機関誌を持っている。ここで三河の教育の方向や動向、あるべき姿が提案されている。これが年三回、各学校や各会員に配布されるのである。執筆者も年度ごとの三河校長会、三教研会長や役員、愛教大附属学校の校長や副校長、各市町村の教育長、愛知教育大学の教官の方々が三河教育への提言や小論文を書いている。これらから現場の教師たちは自分の教育観や教師観を形成していく。機関誌『教育と文化』の果たす役割も大きい。

現在、一二〇号を超える号数になっているが、特に教育研究や教師のあり方に関する小論文「三河教育への提言」の中で、私が感銘を受けた教育や教育実践のあり方と直接関係している論文と執筆者は以下のようである。

三号　昭和五五（一九八〇）年「教育研究と教育実践」愛知教育大助教授　安彦忠彦
七号　昭和五六（一九八一）年「教育実践と研究」愛知教育大教授　霜田一敏
八号　昭和五七（一九八二）年「薫陶―いま、教師が―」豊川市教育長　竹本三郎
三二号　平成二　（一九九〇）年「見すてない心」岡崎市教育長　伊豫田壽夫
五八号　平成一〇（一九九八）年「教育の原点を見失わなければ希望がある」
名古屋大学教授　安彦忠彦
六八号　平成一二（二〇〇〇）年「教師は子どもの傍に」愛知県立岡崎高校長　金丸和義
六九号　平成一四（二〇〇二）年「学校経営論」愛知淑徳大名誉教授　酒向　健
七四号　平成一六（二〇〇四）年「今、問うべきものは？―『普段着』からの改革を―」
新城市教育長　小林芳春
九〇号　平成二一（二〇〇九）年「一途なる教師」蒲郡市教育長　平岩尚文
九七号　平成二三（二〇一一）年「一燈を提げて暗夜を行く」豊橋市教育長　加藤正俊

以上一〇点は、是非読んで頂きたい小論文である。（9・10）

引用・参考文献

（1）平岩尚文「一途なる教師」『教育と文化』九〇号、平成二一（二〇〇九）年。
（2）富田幹代　年表「西尾幡豆国語の会・五五年の歩み」『道しるべ』平成二二（二〇一〇）年。
（3）中西光夫「三河教育研究会の歩み」『続歩みし道の標』平成一七（二〇〇五）年、二八五頁。
（4）大賀真一「教師の使命観」『会報　みかわ』二七号、昭和六一（一九八六）年。
（5）『教育　みかわ』平成一一年、平成一四年、平成一九年、平成二三年、三河教育研究会。
（6）大山祐吉「三河の風土と三河教育」『三河教育研究会五〇年記念誌』平成二三（二〇一一）年。
（7）白井博司「三河教育の矜持」『教育と文化』一一六号、平成三〇（二〇一八）年。
（8）上田薫『人間　その光と影』黎明書房、昭和六二（一九八七）年、一〇頁。
（9）教育文化振興会編『教育と文化』第一号から第一〇三号編集目録。
（10）座談会「三河の教育と文化を語る」『会報　みかわ』昭和五三（一九七八）年。

第2章　三河のペスタロッチたち

1　三河の大教育者

後金の前に後金なし 後金の後に後金なし、後藤金好先生

後藤金好先生は、三河の国語教育の実践者、研究者、行政官の三者を兼ね備えた教育者である。筆者が想像するに、「後金（ゴキン）の前に後金なし 後金の後に後金なし」と言うところではないかと思う。教育界では「ゴキン」と親しまれていたが、昭和三十年頃の西尾中学校の生徒たちは「ゴートウカネズキ」とやゆしていたそうである。岡崎師範附属小学校訓導をはじめ、愛知県視学官、教育事務所課長職（今の所長職）等、ありとあらゆる職を、しかも若い年齢で歴任している。

附属小学校の教育実習時の厳しい指導教官でもあった。誰もが先生の指導を受けるのを嫌がった。昭和七年から一五年のことである。昭和一一年に指導を受けた安藤孝雄は「教生の指導教官のゴキンは怖かったとみんな言っていた」（1）（『形成会報特集号』）と述懐している。同僚には中田脩一、田

中平蔵、高橋録太郎らがいるが、彼らからの評は高く、「職員会議の席上で述べられる意見が理路整然として厳しく、その場を粛然とさせることが多かった」(2)としている。

当時、附属小学校主事（現在の校長、副校長に相当する）の諸川芳雄は「頭脳明晰、鋭敏にして謹直、礼儀正しく、スジを通し、はっきりさせる人。悪意のない皮肉やシャレも適当に交えて笑わせる。その中に頭のよい滑稽やユーモアを蔵し、協調性、協力性も十分に持っておられ、人間性豊かな面もあり、魅力ある人材であった」と述べている。(3)

はじめに先生の経歴の概略を見ておこう。後藤先生は明治四一年生まれ、安城市の出身で、昭和三年岡崎師範学校卒業、昭和七年には母校、岡崎師範学校訓導（教官）に抜擢されている。新卒四年で附属小の訓導である。余程力があったのであろう。今では考えられない。昭和一六年、豊田市（挙母町）の挙母中央国民学校長（三六歳）、昭和二六年には西尾町立西尾中学校長（四二歳）、三二年には岡崎市立梅園小学校長（四八歳）になっている。その間、愛知県視学官、教育事務所教育課長等を歴任。現職退職後は県教育委員、愛知教育文化振興会理事などを歴任。特に国語教育の研究や指導に大きく貢献した。校長退職後も教員、ＰＴＡなどの会合に招かれ、教育のあり方、読書などについて講演を重ね、指導者として親しまれた。

後藤先生の業績

後藤先生を偲んで教え子やかつての同僚、教育関係者は、『敬慕　後藤金好先生』を昭和五六年一一月に上梓した。筆者はこの著を参考にして、後藤先生のあしあとを回顧してみる。

先生の業績について、かつての同僚、高橋録太郎は「教育界の巨星」として次のようにまとめている。

1　国語教育の権威者　2　優れた行政官　3　組織刷新にメス

4　三河教育研究会発足に貢献

また、後藤先生から受けた人生訓を次のように列挙している。

1　自己追求に専念せよ　2　常に創造的であれ　3　初志貫徹のひとであれ

4　真の読書家であれ　5　お世辞を言うな　6　ユーモアを解せよ(4)

そこで、接点のない筆者であるが、私なりにその分析をしてみたい。

三河作文の会の設立

一つ目は、若き校長として、三河作文の会を組織されたことである。戦後間もないときであり、教育界も混とんとしていたであろう。青年教師たちは体制的な校長会とは逆に、自分たちで新教育運動を進めようとする機運が強かった。全国的な機運であった。三河もその例外ではなかった。愛知作文教育者協議会がその典型である。西尾市誌によれば、愛知作文教育者協議会が後藤金好氏をリーダーにして校長である西尾中学校で発会式を行い、岡崎市六名小学校で研究大会を行った。国分一太郎を講師に、六〇〇名にも及ぶ参加者を迎えて実施された。名古屋大学、愛知学芸大学の教授陣一六名が講師であった。常任委員長は後藤金好であった。常に子どもたちにとって何がいいのか、国語の力をつけるにはどうすべきかを考えた先生であったということが言える。(5)

この会は体制的な校長会や教育委員会と対立し、すぐに解体を余儀なくされた。戦前の生活綴り方運動への治安維持法下の弾圧を思い、快しとしない行政官や管理職の人々もいたのであろう。このまま進めば犠牲者（処分者）も出る恐れがあった。後藤先生自らも「担当者の未熟さもあったであろう」と反省した。こうして三河全部を巻き込んでの会はなくなってしまった。その代わり、市郡単位の国語の会、作文の会に変更された。各市・地域にそのような会が復活した。

三部作と形成の会

先生は、若い時から実に多くの鋭い論文を書いてきた。例えば昭和四三年に上梓した『読解指導の系譜』、中に収められている論文であるが、それらは昭和七年から一〇年間、岡崎師範学校訓導当時、研究発表した原稿である。その執筆年齢を見てみると、第二章「国語教材の構造」は二五歳、第三章「国語解釈の展開」は二七歳、第四章は「国語読本の体系」三〇歳、第五章「国語教室の風格」は二九歳である。その若さに驚かされる。

これまで雑誌などに発表してきた原稿に補筆し、四九年に『生活綴方の道程』を発刊、そして五六年に完結編ともいうべき『国語教育の周辺』を出版。「三部作」の完成を前に、直腸がんで死亡。息子さんや教え子たちが後藤先生の遺志を継いで、発刊。前の二冊は国語教育の問題を一貫して専門的に追究しているのに対して、三冊目の『国語教育の周辺』は、教育の中から後藤先生が興味と関心のおもむくまま主題を選び書き綴ったもので、先生の活き活きした人柄がにじみ出ている。(6)

これらを中心になって編集したのは「形成の会」である。三河地方の国語教育を考える会である。

先生が力を入れた国語教育、綴り方教育の研究団体である。岡田和幸は「後藤金好先生の学識、教育的信念、その人柄に学ぼうと『形成の会』が組織された。足もとのふらつきがちな私は、月例会での先生の考えにどれだけ支えられてきたことか。読むべきもの、なすべきことを先生は懇切に説いてくださった」(7)と『形成会報』で述べている。

「三部作」を中心になって編集したのは「形成の会」のメンバーである。第一作ができた時の創刊特集号に、歴代形成の会会長らがエッセイを載せている。安藤孝雄、渡辺黄一、竹本三郎、鈴村正弘である。その中で、安藤は自分の教師人生に後藤先生を「決定的影響を受けたひとり」であるとしている。また鈴村は後藤先生を「師仙」と褒めたたえている。(8)

蔵書を持とう

私の仕事上(吉良町教育長)での前任者、木村弘は先生の息子さん(彬氏)と大学からの友人である。その息子さんによると、先生の蔵書は約一万冊とのこと、よく買われたものだ。教職生活五〇年とすると、一年に二〇〇冊、一か月十数冊の購入の割合になる。

私が先生とお会いしたのは学生時代、今から五五年前、乙川にかかる殿橋のふもとの「都築書房」で、しかも遠くから拝見した一回のみである。書店で古本を漁って見えた先生の姿が今でも思い浮かぶ。図書館で借りるのもよいが、やはり自分の蔵書として書き込んだりアンダーラインを引いたりしないと自分の身につかない。本に囲まれた書斎が私の理想である。蔵書を増やすと家が狭いので、妻に叱られそうであるが……。とにかく本を買おう。積読でもいいから。読書はよい教師の条件である。

『教育と文化』への期待

三河教育研究会や愛知教育文化振興会には会報がある。会報は会報としてのよい面があるが、先生は今一つ不満であった。単なる「会報」という名前に頼りなさがあった。教育は三河教育研究会、教育文化振興会、三河校長会等の各種団体が一緒になって進めるものである。三河の教育の最高の知的水準を行くものである。「会報」というだけでは味もそっけもないように先生は思われた。そこで、三河教育研究会は愛知三河地区の教育文化振興を目標にした組織体であるから機関紙を『教育と文化』と名づけた。「この機関紙が単なるパンフレット的会報に終わることなく、三河教育者の実践の記録として独立した立派な雑誌に成長することを期待する」と、その目標を述べている。(9)

先生は、この三河教育研究会や教育文化振興会には大きな夢を持っていた。それだけに機関紙『教育と文化』には期待していた。事実創刊号から三号には力の入った論文を寄稿している。会報第一号「新しい出発のために」、会報第二号「研究への道は険しい」、会報第三号「三つのすすめ」である。第二号の「研究への道は険しい」は教師に対する戒めの小論文である。最近の教師の研究姿勢や態度について、苦言を呈している。それらは第一に研究主題の切実性がないこと、第二に研究方法の実証性に乏しいこと、第三に研究態度が創造性に欠けている点を指摘している。これらのことは、言いかえれば、子どもを見つめた問題意識が浅い、ひとまねで形式的だということ、理論に支えられた継続的実践の欠如ということであろう。(10)

また第三号の「三つのすすめ」は筆者が現職当時、校長から口をすっぱくするくらい言われたものである。すなわちその一つは読書のすすめであり、二つめは一週間一編千字の短文を記述すること、その三つに一週間に一回三分の意見を発表すること、としている。

『教育と文化』には、歴代の三河の校長会長、三教研の会長、三河の教育長、附属学校の校長や副校長、愛知教育大学の教育現場に関心のある教授の方々の教育随想や三河教育への提言が掲載されている。もう一二〇号を超えたであろう。年三回の発行である。いずれも教師としてどう教育研究と取り組むかを述べている。進みつつある教師のバイブルとなっている。

「地教行法」批判

意外だったことがある。現在の教育行政は地教行法、正式には「地方教育行政の組織及び運営に関する法律」によって施行されている。この法律は昭和三一年に成立したものである。それ以前は「教育委員会法」によって教育行政は進められていた。教育行政の中央集権化が叫ばれ、教育委員会法は地教行法に変わったわけであるが、これに対して先生は校長の立場から反対しているのである。愛知教育大学図書館で資料を調べていて、偶然先生が地教行法に対して批判的立場で執筆された著書を見つけた。

昭和三一年に書かれた『新しい教育委員会制度——その批判的解釈と資料——』のなかに、「新法が現場にもたらすもの——市町村教育委員会の場合」という論文を先生は寄稿している。その中では、任命制、人事権、監督権、指導権、財政権が教育長から首長等に移行したことについて危惧している。例えば教育委員が公選制から任命制へ変わったことについて、「教育は政治よりも一段下におかれるかたちとなった。」(11)とし、教育委員の無能化、教育委員が政争の具に利用できる有色有能な者になる恐れを説いている。当時、教育委員会法はアメリカ流で問題点はあったが、いい面もたくさんあった。教育委員会の権限も強く、中立性が維持されていて、民主的な面も多くあった。だから先生は改正反対の立場に立たれたのであろう。

校長という立場にありながら、先生は反体制派の立場になって論文を執筆された。県教育委員会や文部省に対して、堂々と反対の立場を貫かれた先生の姿勢には敬意を表したいものである。何が大切で、何を改革してはいけないか、しっかり口で言い、文書で残す性格の大人物であったような気がする。改めて後藤先生の偉大さを痛感した。今になって考えれば、いわゆる「逆コース」に反対し、地教行法下に置かれることを危惧されていたわけで、先生の理想主義的な考え方が評価される。

後藤先生のお人柄

終わりに後藤先生の人柄を表すエピソードを二つほどとりあげる。後藤先生というと毒舌家で手きびしく、とかく冷たいという印象を持っている方も多い。しかし、反面ユーモアがあり、涙もろいところもあるのである。加藤勤から聞いた話である。(12) 国語の会への出席のための車の中での話。パチンコ店の「パ」の字が消えていた。隣の糟谷正孝が「あれは男だ」と。後藤先生はすかさず「あれは男かな女かな」と「萬珍軒」の店看板を見て言われた。こういうユーモアを持っている先生である。

西尾中学校の校長のとき、職員で映画鑑賞に出かけた。題名は黒沢明の「生きる」。ガンで死期を知った主人公が、残る命をかけて住民の要望であった遊園地を町につくる話である。このラストシーンをみた後藤先生の顔に伝わる涙が光っていたと、同僚であった稲吉耕一は書いている。(13) それまでに感じたことのない後藤先生に対する親近感を抱いたと言っている。

かつての岡崎市教育長の鈴村正弘は「新しい発想や企画を打ち明けられた時、決まって後藤先生の意見を聞いてみたらどうかと言うのが癖になった」と書いている。(14) 続いて、「先生を世間は『知の後藤』『理の後藤』と言っているが、私は『情の後藤』『実の後藤』こそ、先生の真骨頂である」と述べている。

引用・参考文献

（1）（8）安藤孝雄「後藤先生」『形成会報特集号』形成の会、昭和四九（一九七四）年、一頁。
（2）後藤先生追想記念刊行会『敬慕　後藤金好先生』あいち印刷、昭和五六（一九八一）年、八三頁。
（3）前掲書（2）六九頁。（4）同、一一五頁。（13）同、二五七頁。
（5）西尾市編纂委員会「教育改革」『西尾市誌現代編　五』西尾市、昭和五五（一九八〇）年、四一〇頁。
（6）中日新聞「三部作の完結編を発行」三河版、昭和五六（一九八一）年。
（7）岡田和幸「学びの姿勢」『形成』年報、第二九号、昭和五四（一九七九）年、一頁。（12）同上、九頁。
（9）（10）後藤金好「改題の弁」他『教育と文化』愛知教育文化振興会、昭和五五（一九八〇）年。
（11）後藤金好「新法がもたらすもの」『新しい教育委員会制度』高陵社、昭和三一（一九五六）年。
（14）鈴村正弘「後藤先生と私」『形成会報特集号』形成の会、昭和四九（一九七四）年、七頁。

考古学者、そして歌人だった杉浦敦太郎先生

今年もまた、岡崎市中島町の浄光寺を訪ねた。蝉時雨に迎えられ、広い境内にある杉浦家の墓前で手を合わせた。近況報告をしながら、あらためてふくよかな先生の在りし日の姿を思い浮かべた。先生の生涯は、『西尾の人物誌』や『考える葦』の中で数々の実績とともに紹介されている。

明治四一年、幡豆郡三和村大字高落（現西尾市高落町）で生まれる。昭和二年に岡崎師範学校卒業後、幡豆郡福地尋常小学校の訓導として教員生活を始め、平坂、豊坂、三和、横須賀、六ツ美南部の各学校に勤務。昭和二一年に療養休職後、二六年に幡豆郡三和村立三和中学校に復職。国語の先生だったが、郷土史にも造詣が深く、歴史クラブの顧問として生徒に郷土の歴史を調べさせ、実地調査をさせて作文を書かせていた。昭和四〇年退職。昭和四三年、西尾市史編集委員会委員長に就任し、五七年までに史料編四巻、本文編五巻を完成。地域に密着した編集は極めて高く評価されている。昭和五三年に愛知県教育表彰、五四年には西尾市自治功労表彰を受賞した。

歌人としての活動もめざましく、昭和八年に「アララギ」入会。西三河アララギ短歌会が発足すると例会を開催し、指導者としても活躍した。昭和五八年には、歌人「杉敦夫」として自身の二千首に

も及ぶ歌を自選した歌集『葦の葉』を刊行した。病とたたかいつづけながら、昭和六〇年逝去、享年七六歳だった。（1）

再度の家庭訪問

先生は私が三和中学校二、三年生の時の担任であった。国語と社会の教科担任でもあり、中学校生活を通して先生とのご縁が始まった。その中で、私の人生を方向づけることになった大きなできごとが二つあった。一つは中学校三年生の進路選択の時のことである。当時、家庭の事情で就職を視野に入れていた私の進路について、母を説得するために家庭訪問をしていただいたことである。厳しい環境の中でもこの後の高校三年間は、これからの時代に大きな力になる。辛いかもしれないが力を合わせれば乗り越えられる。大丈夫だよ。そんな内容だったような気がする。もう一つは、その三年後のことであった。三年前のこともあり、実社会へ出ることで進路の準備を進めていた時、再びわが家を訪問していただいた。大学進学への決断に時間のかかった母に、具体的な助言をたくさんしてくださった。先生と同じ教職への道は、この二つのことがなければ実現しなかった。先生が詠まれた歌の中に「苦しみて吾れを中学に上げくれし父と母に在らば告げむに」の歌がある。先生ご自身ががどんな気持ちで進学され教員になられたのかがうかがえる一首である。その時はお聞きしなかったが、その思いを中学校で担任した一人の生徒につないでいただいたと思っている。まさに恩師である。

先生の偉大さになかなか気づくことができないまま、退職されてから何度となくご自宅を訪ねた。玄関から見える廊下まで書棚が並んでいた。西尾市史編集委員長を務められてからはその数も増えていった。いつも「おう、まあ上がれや。狭くて悪いなあ」と書斎に招いてくださった。天井まで届くような書棚が三方にあり、常に書物があふれていた。「だんだん視力が落ちてきてねえ、細かいものを見ることが辛くなってきただよ。あんたはどうだね」と気遣いをいただきながらお話をお聞きした。話題が地域史のことになると内容が一段と具体的になり、特に三和中学校時代のできごとには熱い思いがあふれていた。当時の授業の中で必ず取り上げられたのは、現在も東京国立博物館に収蔵されている小島銅鐸のことである。明治三〇年、西尾市小島町の個人住宅で井戸を掘っている時に発見された釣鐘型の青銅器で、祭りに使われたと推定されている弥生時代を代表する遺物である。先生は、この銅鐸のまきおこした問題は実に大きなもので銅鐸の神秘性にふさわしく伝説的な出土であるということをよく話された。出土の状況は『西尾市史第一巻』に掲載されているが、その内容を中学校二年生の生徒の作文で語らせるという手法は、まさに先生らしく貴重なものになっている。「分家をしたぼくの大じいさんは、井戸を掘らずに、九年間も本家からもらい水をして生活していた。その間、雨降りの日は必ず家の中の壁に炎の玉のようなものが映って何度も動き、大じいさんは雨が降るとうなされて苦しんだ。ついに井戸を掘ることになった。冗談に、何か出ないかなあといいながら掘っていった。三メートルのところで鍬に何かあたって音がした。……」これが作文の一部である。

岡島遺跡の発見

西尾市の東部地域は、矢作川が作り出した沖積低地が広がり、水の管理に努めながらおだやかに農業が営まれていた。しかし、昭和二〇年一月、三河湾を震源とする震度七の三河地震によって、人や家屋だけでなく農地も甚大な被害を受けてしまうことになった。令和の今でもその一部が残っている。断層が走り、自転車に乗って一度ペダルを踏むと何百メートルもそのまま移動ができたという話が伝わっているほど土地には大きな段差がついた。田畑にもかなりの高低差が生じたため、農業用水の排水機能が著しく低下してしまった。そのため、排水能力を高める大規模な床下げ作業が行われ、そのときに大量の土器片が採集されて遺跡発見に進んでいくことになった。

戦後の昭和二〇年代から三〇年代にかけて、私は田んぼや畑で農作業の手伝いをしながら拾っていたものがあった。数センチ程度の大きさで、石のような瀬戸物のかけらのようなものだったが、見つけると近くの土手や農道に投げ出して片づけていた。特別なことではなく日常の風景だったが、数のあまりの多さにうんざりしていたことを思い出す。どうしてこんなものが次々と出てくるのかと不思議に思っていたが、それ以上の追究はしなかった。ところが、そのかけらや床下げ作業の時に見つかった多くの遺物が杉浦先生指導の下、三和中学校（現西尾市立東部中学校）の歴史クラブ員によって採集され、この地域では極めて貴重な遺跡発見につながっていった。それが、豊富な出土品からのちに愛知県重要遺跡選定を受けることになった岡島遺跡であった。

国道二三号西尾東インターに隣接する岡島緑地公園の中に、この遺跡の概要を説明した看板がある。

「西三河を代表する弥生時代の岡島遺跡は、矢作川の下流域に位置する集落跡で、平野を放射線状に流れる川の間の小高い地にムラが作られました。集落は今から約二千百年前に出現し、西三河南部地域では最大級を誇ります。遺跡の発見は、昭和二八年に水路の床下げを行った際、三和中学校の生徒によって多くの弥生式土器が採集されたことが始まりです。昭和五二年に本格的な発掘調査が行われ、南北に長い楕円状の一〇万平方メートルに及ぶ集落とその南に一万五千平方メートルの墓域を設けています。出土遺物は、弥生時代中期中葉から後期までの四百年間のもので、今から二千年前のものが多く、広範囲にわたって見つかっており、最も繁栄した時期と思われます」(2)というものである。

採集された資料は、現在三和小学校に設置されている岡島弥生資料館や東部中学校で保管・展示されている。日常的に町内のあちこちでかけらを見つけていたことを話す生徒たちや熱心に活躍していた歴史クラブ員を前にして、先生が一段と眼を輝かせておられたであろうということは容易に想像ができる。当時のクラブ員が語っている先生との思い出話がある。

「岡島遺跡を発見された先生は国語の先生でした。戦後の自由な歴史観の中で地域の史・資料を自らの手で調べ、それを基にして地域史像を組み立てていく方法を歴史クラブの生徒たちにも教えておられました。三和中学校に保管されてきた考古資料の多くは、薫陶を受けた生徒たちによって採集されたものです。先生が戦前に購入したという古ぼけた自転車で羽角山まで古墳の調査に出かけられると、その後ろには金魚のフンのように続くクラブ員の姿がありました。フィールドワークは、無意識のうちにクラブ員に対して実証主義的な視点を植え付けていきました。」

金魚のフンたちのその後の活躍を先生自身が一番喜んでおられたことは間違いない。

作文教育の羅針盤

国語教師として、先生が生活綴方を中心とした作文教育の実践と普及に努められたことは、平成二二年に西尾幡豆国語の会が発刊した記念誌で詳しく紹介されている。戦後、西尾幡豆地域に生活綴方の教育伝統を蘇らせた三先達の一人として、存在感が大きかったことが伝わってくる。教員を退職された年、同会顧問の岡田和幸先生は「敦太郎先生は国語の会の先達であり、終始変わらぬ指導者であった。柔和な顔に似合わず厳しい指摘をされた。未熟な私たちには怖い存在だったが、何を尋ねても、的確に答えてくださる羅針盤であった」と讃えておられる。羅針盤としての存在がいかに大きかったか、直接かかわりのあった人だけでなく多くの人に語り継がれていることは間違いない。誰もがうなずくことばである。

昭和二八年創刊に尽力された三和中年刊作文第一号のあとがきで先生は「三和中文集第一号成る、この喜び。どんなに綴る力が弱くとも　どんなに考えは鈍くとも　どんなに思いは低くとも　今のわれわれのあるがままの姿をさらけ出して　ここに三和中文集第一号成る。この喜び。……」と締めくくっておられる。丁寧な指導を通して作文はなぜ書くか、文集はなぜつくるかと問いかけながら、熱い思いの詰まった作文集発刊に努力を惜しまれなかった。また、先生のご指導で今もなお忘れられないことがある。中学校の校内弁論大会で「雄弁は銀　沈黙は金」とまとめられた講評のことである。直後はすぐにのみ込めなかったが、自分が伝えたいことに必死だった生徒への見事なアドバイスだった。これは、数年後に始まった私自身の教職生活の中で、常に肝に銘じてきたことばとなった。

アララギ歌人「杉敦夫」

昭和五〇年『月報岡崎の教育』(3)に寄稿された教育随想の中で、先生は晩年の心境を語っておられる。

「日曜日の午後一時五分になると、家にいる限りはテレビの前に坐る。NHKの中学生日記が始まるからだ。中学生の教室のさまざまな設定に、生徒が、教師が、父が、母が生きて動くなかに、私のこころは教師のこころに移入してしまう。あの時、自分ならこうしただろう、ああはとてもできなかっただろう、あれはこうすべきではないかと、生徒に、父母に向かう教師の思いに、態度に、行動に、汗のにじむ思いになることもある。教員生活の終わりの一四年間をすごした私の中学生教室の一駒一駒がテレビの画面と重なりあって、自分の教育がどういうものであったかと思い、つくづく教えることのむずかしさ、大事さを思うのである。四八年前、教師になるのに全然理想も情熱も持たなかった私が、退職し十年たって、今にテレビの前に坐らせ、教師としての過去をふりかえらせる。全く教育とはおそろしい仕事と思う。」

前述したように、短歌に打ち込まれた先生は関係者に高く評価され、まるでもう一人の先生が存在しておられるような活躍に、今となって驚くばかりである。国立国会図書館デジタルコレクションの雑誌アララギの中に「杉敦夫」の名前がある。歌人杉浦敦太郎の筆名である。斎藤茂吉や土屋文明に並んで紹介されている。教育随想ではこの短歌のことも取り上げられて思いを語っておられる。

「教育歴と同じほどの年月を、私は短歌雑誌アララギによって短歌を読み、短歌を作ってきた。『短歌は生活者の呼び交わす声である。』との土屋文明の立言を信じて集まっているアララギ会員の作は、虚構のない生活の現実の表現なので、会員どうしそれぞれ職業も性格も気質もおのずから互いに知りあって、一度も顔を合わせなくても旧知のような間柄になってしまうのである。作歌力も衰え、何千首と並ぶ月々のアララギの作品を鑑賞する気力も弱ってしまった最近の私だが、ページを繰っていくうちに目にとどまるのは、教師の作、教育の歌である。

『会議多き学校に長く働きて発言せぬ幾人かの中に吾が居り』（札幌）

『気負ひつつ控へめにしつつ勤め来て誰も憎まず過ぎし三年』（安城）

一首一首にただよう生活感情が私の胸に痛切に響いてくる。歌のイメージは、三八年間の私の教師生活のうちの私であったり、あの男であったり、この人であったりして、教師としての私をいやでもふりかえらせる。安城の清純な新任教師が今後どんな道を歩んでいくのだろうか。退職して十年、教育はいまだ私をつかんでいて時々苦しい夢を見させる。」

西尾市史編集委員長を務めながら、体調が十分でない中で迎えられた晩年の二首である。

十三年の仕事の最後七千枚のカードを思ひ切って昨日渡したり

朝目ざめもやとしてしばしありああ今日よりは仕事なき吾れなり

身も心も注がれた先生の姿が浮かんでくる。

〔浅岡文雄〕

引用文献

（1）　神谷和正『考える葦』略歴、平成八（一九九六）年。

（2）　西尾市教育委員会編『岡島遺跡』説明文、平成二二（二〇一〇）年。

（3）　岡崎市教育委員会編『月報岡崎の教育』昭和五〇（一九七五）年、二頁。

参考文献

・西尾市史編纂委員会編『西尾市史第一巻』昭和四八（一九七三）年。

・新編西尾市史編さん委員会編『新編西尾市史資料編一考古』平成三一（二〇一九）年。

・西尾幡豆国語の会編『道しるべ―西尾幡豆国語の会の半世紀』平成二二年（二〇一〇）年。

・西尾市資料館編『三和中学校歴史クラブのあゆみ』平成二五（二〇一三）年。

百年に一人現れるかどうかの傑物、中西光夫先生

岡崎市の元教育長、鈴村正弘は酒が入ると、中西先生のことを「孔子、孟子、中西」（三人とも最後がシである）と呼んだという。昭和四八年、岡崎市の教育長補佐になった頃のことである。三人とも先哲というわけである。それでいて私たちにも気軽に声をかけて下さる先生である。単に「頭がいい」とか「親切な人」というレベルではなく、「偉い人」である。そして、「百年に一人現れるかどうかの傑物」（元県立国府高校長・佐藤敬治の弁）である。私の教師生活で常に目標というか憧れてきた先生である。ご長女が私と大学の同級生ということもあって、私はいつも温かい言葉を掛けていただいた。

三三年前の礼状

大事にとってあるはがきがある。中西先生からの礼状である。押しよく、娘さんに頼んで中西先生著『歩みし道の標』を届けていただいた。その折に吉良町の菓子「赤馬」を送った。その時の礼状である。

「拝復　鄭重な御芳書いただきました。お粗末な書物を読んで下さって恐縮しています。その上銘菓赤馬お送りくださりありがとうございました。娘がいろいろおせわになり感謝の外ありません。

（愛知県吉良町）宮崎のご出身の由、昨年度、あのクラス（附中第一回生）のクラス会を懐かしの宮崎海岸で行うという話になり、終日、五十歳を超えた子ども達と過ごし往時を偲びました。附小の勤務ご活躍を嬉しく思います。いよいよの御健闘を心から祈念いたします。お逢いできる機会もあると存じます。また、その折に。」昭和六二年二月五日の手紙である。

先生の歩みと人間形成

新城市の生まれ。少年時代は、父親の関係で朝鮮に渡り、父母と共に転居。大正末期から昭和のはじめにかけてである。鴨緑江や新義州で暮らし、小学校五年生で帰国した。特に、冬凍結した国境の町の印象は強烈だったようである。弟さんの病死などもあり、涙なしには聞かれない。

教職についてからは、豊橋、新城、名古屋、岡崎と愛知県下の各地を回り、教育現場二二年、教育行政一七年であった。

先生の教師としての人間形成の節になったことがらは、岡崎師範時代の後藤三郎校長の精神訓話であり、新卒の頃の『修身教授録』の著者、森信三に巡り合ったこと、それにアジア・太平洋戦争に従軍、共に教員を志した同級生の半数を戦争で失った（四〇名中二二名が戦死）ことである。戦中派生き残りの先生の教師としての見方・考え方の基盤になっている。(1)「戦争で亡くなった同級生の命日には、必ず、それらの同級生宅に伺い、お参りをしている」と先生の娘さんから聞いて、むべなるかなと思った。

出征前に文集を

新任校は昭和一七年、豊橋市立八町国民学校である。四年ろ組男子組の担任である。当時の教え子越知宋好は中西先生の思い出を次のように述べている。

「思い起こせば、私の小学四年生は、今から四〇年も前の昭和一七年四月から始まった。師範出の先生は、若さが漲った魅力あふれる先生であった。筋肉質のしまった肉体は、毬栗頭に、やや下膨れした丸い顔、理想に燃えた凛々しい若い先生であった。同学年の男子生徒が皆四年ろ組を羨ましがった。」(2)

先生はすでにこの頃、文集を作成しておられた。文集名は『御民われ』や『若櫻』という手作り文集である。クラス全員、七五名の作文を載せるのである。全員の作文を書くのは容易ではない。毎夜遅くまで鉄筆を握った。授業後は寒い印刷室に閉じこもって一枚一枚手刷りのルーラーを回した。しかし、終業式には間に合わなかった。

中西先生の軍隊入隊は四月一〇日である。印刷は終えたものの製本は同僚に頼んだ。同僚柿田正衛は製本仕上げを完了して、中西先生の受け持ちの子に配布し、先生の入営先に送付した。先生はその後の軍隊生活の地へその文集を持っていき、手元においては、子どもたちの姿を思い出していた。

教師集団づくり

中西先生から学びたいことは数多くあるが、先ず学ぶ教師集団づくりである。田舎である新城市において、青年教師時代から教師集団づくりに励んでいることである。昭和二六年ごろ新城を中心として、時の青年教師たちで結成したサークル「設楽教師の会」ができた。その活動の中心にいたのが中西先生であった。その活動のなかで、同僚や仲間と磨き合い鍛え合って育てられた。毎月第二土曜日を月例会とし、会費三〇円、自転車のペダルを踏んで集まった。(3)平常時は自分たちが交互に発表をしたり、討議をしたりしていたが、年に数回、大物講師を呼んで勉強した。講師陣は森信三、国分一太郎、勝部真長、上田薫らである。講師も共にうどんをすすりながら車座になっての指導であった。「設楽教師の会」にはサークル四原則があった。①上からの支配を受けることがない。（自発性）②集団による勉強を大切にすること。（集団性）③誰でも入れるし、抜けることができる。（開放性）④長続きする活動や内容をもつ。（持続性）（4）であった。毎月一回の例会は、その後、毎週一回へと発展した。こういう研究会のあり方こそ本物であろう。新城地区が教育的にレベルが高いのも、このような地道な活動があったからである。

教材は子ども・民衆の視点で

中西先生は中堅教員になって、中学校学年主任や社会科主任をやるようになった。全国レベルの先生方とも知り合いになり、研究に益々拍車がかかった。戦後第一回の教科研全国集会、第一回の作文教育全国協議会、上田薫の社会科初志の会、森信三の夏安居の会と全国レベルの会に参加した。そんななかで子どもを中心にした民衆を重視した自分の教育観や社会観を強めていった。

特に印象に残る実践として、歴史教材、「実践記録　みの着騒動」（5）がある。これは新城地方の百姓一揆である。それを単に社会科の授業だけでなく、クラス全員で学芸会に出演するというわけである。自分たちで脚本もつくった。昭和二九年の実践である。日本の歴史「日本の夜明け」を学んだ生徒らは、「郷土の祖先の生活の営み」を知るために、東郷村史を繙いた。中西先生も東郷村沿革史を片手に授業をした。生徒たちは関係者に聞き取りをし、調査をし、毎日授業後集まっては協議をしての脚本づくりであった。クラス全員が、「みの着騒動」という史実の調査から、劇の脚本づくり、さらに演出と、一つの仕事に集中することによって、各々の責任の分野を身を以て感じたわけである。そして全員の出演はもちろん、舞台装置や照明効果などを分担して参加した。

単に社会科一教科だけにとどめておかない。総合的に扱い、全員参加の学習である。ちょうど現在の総合的な学習である。担任に力量がないと総合学習は成立しない。また、本来の歴史学習は事実だけ学習すればいいというものではない。しかも歴史は一部の為政者によってつくられるのではなく、民衆の歴史という視点が重要だということを、先生は生徒たちに言いたかったのではないであろうか。

研究の幅の広さ

中西先生の研究の中身にも驚かされる。指導者を見てもそれが理解できる。一党一派に属することなく、自分の参考になる学者はいわゆる右も左も関係なく、自分から出かけたり、自分たちの町に呼んできたりしている。度量の広さをもった人物だということが言える。例えば、森信三である。満州の建国大学の教授であった方である。立腰教育で有名であるが、思想的には右で、やや古い。しかし戦前から『修身教授録』を勉強し、この先生を信奉していた先生は夏の京都での一週間の夏安居や岡崎市の冬期研修会（森信三は常任講師）にも参加している。

左では国分一太郎が代表であろう。愛知県作文の会を開催するにあたり、自分の家に泊めている。予算も余りないことから、旅館でなく、自宅を提供された。ご令室もよく承諾されたものだとこれにも敬服している。俗に言う思想的な右、左に関係なく、自分が子どもや教師にとって必要であると思えば、積極的に出かけていったり、呼んできたりした。その選定の基準は、子どもや教師にとって役に立つか否かであった。清濁併せ呑む性格で、度量が大きく、誰でも受け入れる方であった。

多くの著作

先生の業績を見て、先ず驚くことは、著書、著作が多いことである。しかも精度の高い研究物にしている点である。出版順に見ると、『中学三年の学級経営』『新城市誌』『愛知県戦後教育史年表』『愛知県教育史』『子ども日本風土記』『史跡と人物で綴る愛知県の歴史』『歩みし道の標』などである。

私は大学院在学中、戦後の教育長制度や教育委員会制度を研究したが、その折、愛知県総合教育センターでかつての資料を地下図書室で模索した。昭和二六年から二八年の資料である。それらをすでに検索・研究していた教師がいた形跡がうかがわれた。その痕跡があった。それが中西先生であった。あとでわかった。『愛知県戦後教育史年表』として、見事に整理されていた。月刊『教育愛知』や年度ごとの『教育時報』を繙かれ、年代順、月別で整理された愛知県教育史である。あの膨大な分量の冊子をすべて見て、整理されたものである。そのご労苦に驚かされた。

退職時に自分史を

私の教師史をふり返ってみると、中西先生の模倣をしていることが多い。まずは「校長室だより」である。先生は常々「校長室便りが出たら、その学校はもうそれだけで相当な学校と言ってよいであろう」(6)と述べている。最低週一回の校長室便りを出したいものである。東井義雄の『培其根』は最高の手本であると先生は絶賛している。しかし、先生ご自身三河校長会の役員等をしていた関係上一〇号でストップしたことを正直に告白している点も微笑ましい。(7)私自身は校長在職中、中西先生のことばに勇気づけられ七八〇号を達成したことを自慢している。

それから、先生は教師の退職時に一冊の図書出版を勧めている。「この際私のお願いを一つ申し上げたいことがあります。それは五年後の退職までに、あるいは退職時に『自分の歩んだ教師としての道』を一冊の本にまとめて頂きたいことです。それは自伝、自分史と言ってもよいと思います」(8)と、ある会合で述べている。これを知った筆者は数年前に『教師のライフコースと力量形成』(黎明書房発行)を上梓して先生の墓前にささげた。以前、昭和六二(一九八七)年、先生から『歩みし道の標』を娘さんを通していただいた返礼である。これなども中西先生の言葉を励みにしたからに他ならない。

重責を負う校長心得

四月は、毎年初心にかえるときである。新しい年度の四月には中西先生は校長先生方に、以下のことをプリントしてお願いしている。「いま、私の胸には、教師としての教育愛がみなぎっているか、教育という使命にヤル気、気力が充実しているか。これに欠くところがあれば、即刻校長の辞表を出さなければならぬ立場である」と。(9)校長職に対して厳しい。校長はどうあるべきか、多くの学者が述べているが、中西先生の言葉は胸に迫るものがある。「校長が良くても学校がよくなるとは限らないが、校長が良くなければ、学校は必ず悪くなる。」先生の信奉する上田薫のことばである。(10)お互いに心したいものである。先生は、職員や子どもに対してどうあらねばならないか、以下のように述べている。

一　職員に対して

○校長は、常に職員の総意のあるところを洞察していなければならない。
○校長として一番大切なことは、分け隔てなく「部下職員を愛する」ことだ。
○公金の扱いと、職員の男女関係については常に意を用いて、事を未然に防ぐこと。

○一人一人の職員について、なるべく早めに、長所を見つけること。
○人生における校長・教頭の縁。両者が心を一にすることは学校経営における至上命令。

二　子どもに対して

○児童生徒との接触を考えるべき、校長も時には授業をやるとよい。
○校長は努力して子どもの作文や日記を読む必要がある。
○問題生徒と校長との関係が持てるようにしたい。
○子どもに万一の事があった場合は、生死に拘わらず、校長は詰め腹を切るくらいの覚悟が必要。

三河一の教育者であると私は考えている。それだけに重みのある校長論である。それでいて気さくで何か今でも自分の身近にいて、自分を見守っていてくださるような気がする。教育における研究と実践、そして教育行政にと、すべてにわたり誠実に携わられたことに敬服している。三河教育の大黒柱、百年に一人現れるかどうかの偉大な先生であった。

引用・参考文献

（1）中西光夫『続　歩みし道の標』岡田印刷（非売品）、平成一七（二〇〇五）年、八二頁。
（2）中西光夫『歩みし道の標』花井印刷（非売品）、昭和五八（一九八三）年、七頁。
（3）中西光夫『歩みし道の標』二二五頁。　（4）同、二二七頁。　（5）同、一五六頁。
（6）中西光夫『続　歩みし道の標』八六頁。　（7）同、三五八頁。　（8）同、一五四頁。
（9）中西光夫「未来に繋ぐことば」愛教大同窓会誌『竜城』六八号、平成二六（二〇一四）年。
（10）上田薫『人間　その光と影』黎明書房、昭和六三（一九八八）年、八頁。

2　堅実な学校経営をした教師

若い教師を授業で鍛えた加藤巌先生

「ガンさん」との出会い

昭和四二年、新卒の私は、地元の幡豆町立東幡豆小学校（現西尾市立）に赴任した。当時の学校は、児童数五四八人、学級数一四の規模であった。校長は加藤巌先生で、教職員からは親しみを込めて、「ガンさん」と呼ばれていた。ずばずばものを言ったが、竹を割ったようなさっぱりした気性の持主で、酒はめっぽう強かった。私は六年間、ここで加藤校長の薫陶を受けることができた。

加藤校長は、大正七年五月一三日、碧海郡桜井村（現安城市小川町）の神谷家の二男として生まれた。父の保一は、大正、昭和期の優れた教育者、芦田恵之助を敬慕する教師であった。神谷家は、保一の「教員は人を教え育てる。他の職業にはない楽しさがある」という信念のもと、息子六人を岡崎師範学校に進学させた、類いまれな教育一家であった。

加藤校長の略歴

昭和一四年岡崎師範学校卒業。篠島尋常高等小学校。昭和一七年岡崎師範学校専攻科卒業、昭和一九年研究科修了。昭和二二年碧海郡明治村立明治中学校、昭和二六年碧南市立新川中学校、昭和二九年愛知学芸大学附属小学校、昭和三二年吉良町立荻原小学校教頭、昭和三六年西三河教育事務所管理主事、昭和四一年幡豆町立東幡豆小学校長、昭和四八年安城市立作野小学校長、昭和五一年安城市立安城中部小学校長、昭和五四年三月定年退職。平成八年一月一九日逝去（享年七八歳）。(1)

校舎改築

東幡豆小における加藤校長の大きな功績の一つに校舎改築がある。「東幡豆の子どもたちのためには、学校施設の充実が必要だ」という信念のもと、校舎改築に取り組もうとしていた。先生は、校区の有力者から校舎改築の賛同を得るために、日夜懸命な努力をされた。夜は学校の宿直室に泊まることも多かった。そんな努力の甲斐あって、東幡豆区は区有財産（山林）を処分して、寄付金一億円を捻出し学校建設資金に充てた。工事費総額は一億六七八一万円であった。

昭和四五年、念願の木造危険校舎の改築と運動場拡張工事が行われ、翌年鉄筋三階建ての堂々とした新校舎が完成した。新しい教育環境は、広い廊下、全室スチームの暖房施設、テレビスタジオを備えた放送室、プラネタリウムを投影できるドームのある理科室、コンサートホールを思わせる天井が高く音響効果の完備した音楽室、屋上の展望台等、当時としては東海一を誇る校舎であった。

恵まれた学年の同僚

加藤校長は、施設設備の充実に意を注ぐ一方、「『仏作って魂入れず』のそしりを受けてはならない」と授業研究に全力を傾注した。

私が赴任した時の学校は、久しぶりに新卒が来たということで、職員室は非常に和やかな雰囲気の中で、私を温かく迎えてくれた。最初に担任したのは三年二組であった。一組は教務主任の永谷孝造先生。三組は二つ年上の授業の上手な加藤正子先生で、二人の教室に挟まれていた。三つの学級は開かれていて、日常的にお互いに授業を見合った。三人には授業についての感想・意見等を何でも言える人間関係ができていた。「授業の基礎基本を教えてやる」という上からの目線ではなく、共に良い授業をめざしていこう、という姿勢は未熟な新米教師にはありがたかった。そういう中で、授業の面白さやむずかしさを少しずつ知ることができた。

一年が過ぎて、永谷先生は西三河教育事務所へ転出し、後任は石川亀夫先生で、二年目から三年間学年主任でもあった。先生は永谷先生と同様、授業に熱心に取り組み、授業を自ら公開するとともに、教育論文も私たちと同じように応募した。また、東井義雄先生を大変尊敬していて、当時東井先生が勤めていた、兵庫県養父郡の八鹿小学校を訪ね、その時の思い出を我々に話してくれた。さらに、東幡豆小の研究をまとめた論文で、「学研教育賞」を受賞した。そんな常に研修、研究に励む姿勢に畏敬の念を抱いた。新卒でこの東幡豆小に七年間勤めたが、そのうちの五年間、授業に熱心な学年主任が二人の教務主任であったことは、後から考えるととても恵まれていたと言える。

学校経営の中核に授業研究

加藤校長は、授業を何よりも大切にした指導者であった。この東幡豆小は研究指定校ではなかったが、毎日が授業研究の学校であった。先生は、学期に一回ずつ、担任全員に研究授業を課し、若い教師に対しては、校長じきじきに単元を通して授業を参観した。

授業の反省会では、先生は歯に衣着せぬ口調で「何のためにその学習をするのか。子どもたちは分かっていないぞ」「反応の速い一部の子が活躍しているようなものは授業じゃないぞ」など、頭に浮かんだことをポンポン言い、めったにほめなかった。しかし、どの先生も発奮して授業に挑み、加藤校長がどんな言葉を発せられるか、期待と不安を抱きながら授業の反省会に臨んだ。

加藤校長は口ぐせのように、「借り物の理論や指導法ではダメだ。教師一人一人が自分の学級の子どもを具体的にとらえ、自分の授業をすることだ」と言われた。当時流行していた「〇〇学習」や「△△方式」といった授業を安易に取り入れることはせず、授業におけるその学級の子どもの事実をもとに授業を考え、私たちに授業や子どもで勝負する、実践家としての心構えをたたき込もうとされた。

加藤校長の週案簿メモ

加藤校長は、私の週案簿に次の文章を寄せてくれた。

「三〇年という教員生活の将来をもっている若いあなたに期待したい。六月は、全職員の研究授業を実施しているところです。本校にも一〇年、二〇年と教育実践に取り組んできた先輩が多いが、どれだけ教育効果が違うか。自分の打ち出している『もの』を持っているか、という点を見るとさみしい。その先輩も若い時代には、希望に燃えた時代もおそらくあったであろうと思う。どうしてそれが薄らいでしまったのか。あなたにはそういうことを繰り返させたくありません。日々の研究的な努力は貴重なものです。今後の精進を期待します。」

改めて加藤校長の言葉に目を通すと、新卒の私へ熱い期待を寄せられていたことを知ることができ、もったいない言葉である。

私は新卒一年目から県外視察に出していただき、当時全国的に名をはせていた神奈川県の松田小を皮切りに、その後同僚と共に静岡県の新居小、安東小、富山県の堀川小を訪問することができた。どの学校の教師も自信を持って授業に取り組んでいたし、子どもたちも力をつけていた。そのおかげで、自分も負けずに授業や子どもで勝負できるよう、日々授業研究に意欲を燃やすことができた。

東幡豆小は昭和四五年に、自主研究発表会を開催した。また、昭和四八年には、作野小学校との合同授業研究会を二校で同時に開催し、両校の教員が二つに分かれて授業をしたり、参観したりした。

一方、印象に残る教員としては、授業が上手で、同僚はもとより保護者や児童が全幅の信頼を寄せていた原田のぶ江先生がいた。先生は、堀川小のある女教師と長年にわたって交流し、普段の授業を何度も見に行った。また、私が初めて一年生を担任した時の学年主任で、子どもの気持ちをつかむことが上手な高岡玖代先生。私と同年で、子どものやる気を起こさせる授業をしていた山田政俊先生。山田先生は、後に明治図書の月間雑誌、『授業研究』『社会科教育』等によく原稿を執筆していた。

私の同僚が語る加藤校長像

「経験・職歴・男女」を問わず――恩師の学校経営策

元同僚　山田政俊

研究授業の反省会で多くの校長は、まとめ役として最後にひと言申し添えることが多い。しかし、加藤校長は違っていた。いつも先陣を切り、相手かまわず切りかかっていった。そして、相手の息の根を止めるまでは攻撃の手を緩めようとはしなかった。いつも突撃隊長であった。どのようなことであったか忘れてしまったが、私が取った手立てに対して加藤校長が痛烈な批判を浴びせて来た。でも私は、どうしても納得することができず、反論を加えた。そして、ついに二人の激論となった。私の心の支えは、東幡豆小に赴任した四月一日の加藤校長の言葉、「子どもをどのように育てるかということでは、校長も教頭もない」であった。議論は延々と続き、ついに二人のやり取りは一時間を越えそうになってしまった。結果は双方とも譲らず、時間切れとなった。

私は次の日、加藤校長に申し入れをした。「校長先生、昨日の決着をつけたいので、私の授業を一週間ぶっ通しで見に来てください」「よし、わかった」それから一週間、加藤校長は毎日私の教室へ足を運んでくれた。切り込むばかりではなく、治療にも誠意を払って出向いてくれたのである。

東幡豆小は、毎日が「現職教育の日」だった。昭和四八年三月、加藤校長は安城へ、私は豊橋へ、共に幡豆の地を離れることになった。加藤校長が送別の餞にくれた言葉である。「山田君、豊橋へ行っても、けっして小さくなっちゃダメだぞ。学校をひっくり返す気持ちでやれよ」(2)<一部抜粋>

我が師・加藤巌先生　　元同僚　高岡玖代

人それぞれに、何かにまたは誰かに出会うことで、大小の差はあれども影響を受け、現在があると思う。私の歩いてきた道を振り返ってみても、時々に、大切ないくつかの出会いによって今がある。その中で、最も大きな力で、教師としての授業の構え、方向づけをしてくださったのが、加藤巌先生である。先生との出会いは、もう二〇年も前になる。新任として赴任した学校で言われたことを、今もはっきり覚えている。「私は、学歴を問わず、男女を問わず、ただ授業に真剣に取り組んでくれる先生を求めている。子どものためにと思って、真剣に取り組んだことなら、その結果は、校長として全責任を持つから、思いきりやってほしい。授業が教師としての生命だと思っている」これだけのことが言い切れる校長先生のもとで、教師としての第一歩を踏み出せたことは幸せであったと、今にして思うのである。

授業をみる目は実に厳しい先生であった。毎年学期に一回とか、単元を通して研究授業をした。研究指定校であったわけでもなく、自主的に研究を続け、子ども自ら学びとる力をつけるために、校内での研究授業が繰り返され、話し合い、検討し合う中で、職員が目標に向かって一つになっていたし、何よりも、毎日の授業そのものを真剣に考えさせてくれたことがよかった。授業について指摘されることが多く、ほめられることなどめったになかったが、どの先生も、今度こそ、今度こそ、とファイトを燃やして取り組んだものである。新米の私の授業など、同じところをはいまわっていて、あせりを感じたものだが、そんな時、「例えばとび箱が跳べない子に、ただ跳びなさいというだけでは跳べるようにならない。具体的に手のつき方、足の開き方や踏み切りを教えてやらなければできるようにならない。これと同じことが国語の授業でも言える。安易に、この時どんな気持ちだったでしょう。考えなさい。と言ってみても、一部の反応の速い子しか言えない。一部の子しか活躍できないような発問や授業ではいけない。もし、ある子が、『先生どうすれば気持ちがわかりますか』と質問してきたら、何と答えるかね。子どもに考え方や見方を教えられる教師になることだ」と教えてくださった。

校長として、自分の持っているもの、考えていることを私たちに徹底して教えようとしたその情熱に頭が下がる思いがしたものである。一つの教科に偏らず、全教科にわたって研究していったことも、私には大きなプラスであった。やっと三年目にして、「授業として見られるようになってきた」と言われた時には、長いトンネルを抜け出したような明るい気持ちになったことを思い出す。(3)〈一部略〉

おわりに

私の新卒の頃は、教育学者と現場の教師との共同研究が各地で展開され、経験学習と系統学習の両極の間で、「主体的学習」「プログラム学習」等、百花繚乱の様相を呈していた。そのため、現場の教師はあれこれと戸惑いを覚えた。そんな中、加藤校長は一貫して、「教師は授業で、自分の学級の目の前の子ども一人一人を見つめ、子どもが自ら学ぶ学習を深めることだ」と言い続けた。私は東幡豆小で、授業に対する実践家としての基本的な考え方を学び、その後ずっと堅持し、どの学校でも、日々の授業をまず大事に取り組むことができたことは加藤校長のおかげである。

時代が変わろうとも「教育は人なり」。教師の授業力を高めなければ、子どもの学力の向上は望めない。将来ある若い教師たちを授業で真剣に鍛えた、加藤校長の情熱と指導は偉大であった。

〔髙橋英夫〕

引用文献

(1) 「加藤巌先生　歩」『歩』編集委員会(安城市立安城中部小学校)昭和五四(一九七九)年三月二四日。
(2) 田原南部小・山田政俊「経験・職歴・男女」を問わず―恩師の学校経営策」『学校運営研究』四月号、明治図書、平成一(一九八九)年四月。
(3) 三谷東小・高岡玖代「我が師・加藤巌先生」『このみち』第二六集、蒲郡市教員会、昭和六三(一九八八)年三月一日。

楽しさとゆとりを求めた竹内吉治先生

三河を二つに分けると、東三河と西三河になる。私の住む西尾市は西三河にある。したがって、西三河の人たちはよく知っているが、東三河の先生たちは余り知らない。特別有名な人は存じているが、一般的な人はほとんど縁がないので知らないわけである。しかし、豊橋市は三河では豊田市、岡崎市についで第三の都市である。しかも中核市である。ここに立派な教育者がいないわけがない。

私の知る大学の同級生や知人に聞いてみたが、余りいい返事はなかった。そこで大学の後輩、教育長の山西正泰に電話で聞いてみた。翌日、返事があった。「私は面識もないが、竹内吉治という方が立派な教育者です」と。早速、大学の同級生の彦阪忠雄に聞いてみた。「竹内吉治という先生は知らんかね？」と聞いたら、なんと「俺の学校の九代前の校長だ」ということだった。同級生は竹内先生と同じ八町小学校の校長をしていたわけだ。早速、豊橋市立中央図書館へ出向き、竹内先生の著書を検索した。七冊あった。これはすごい。立派な方だというのが、私の第一印象だった。自宅へ帰ると、友人彦阪から竹内吉治著『自分史・ひたむきに歩いた道』が届いていた。

年齢を調べてみた。大正八（一九一九）年生まれだという。今年は二〇一九年（執筆時）だから、ご存命だったら、ちょうど一〇〇歳である。何か運命的なものを感じた。著書『私の学校づくり』と『自分史・ひたむきに歩いた道』を手がかりに、教育者竹内吉治に近づいてみた。

教師歴

大正八年、愛知県碧海郡矢作町（現岡崎市）生まれ、昭和一四年、岡崎師範学校を卒業して、碧海郡高岡村立駒場小学校（現豊田市）を振り出しに教員になった。専攻科にも学んだ。師範本科卒業時は音楽を主専攻にしていたが、専攻科（現在の大学院）では図画工作を専攻した。器用な方である。その後、名古屋市白鳥小、豊橋市の東田小、中部中に勤務した。

養子に入ったために江坂姓から竹内姓になった。とにかく給料が安く（「蒲郡から豊橋へ通う定期を買ったら、月給が吹っ飛んだ」という話もあったほど教師の給料は安かった）「教員を辞めよう」と何度も思ったが、養子先の父親が商売をしていたので、生活は何とか凌げた。(1)

その後、愛知学芸大学附属岡崎小、豊橋市の多米小教頭（五年）、新川小教頭（五年）。県教育委員会学校教育課指導主事を経て、豊橋向山小校長（五年）、八町小学校長（六年）を最後に定年退職した。管理職時代は、自分よりも下に先輩がいたりして、風当たりも強かったが、面白い学校づくりができたと述懐している。(2) 全体を通じて、「思いやりのある子」をモットーに、勉強だけでなく心・技・体の一体化をめざした学校づくりをした。子どもとともに歩み、校長自ら動き、ユニークで、信念を持った校長先生という印象が強い。

八町小での実践

「ゆとりの時間」が学習指導要領に規定されたのを契機に、全国どこの学校もこれを模索した。八町小学校もその例外ではない。子どもたちに生気ある学校づくりを目指して、全職員が一丸となって取り組んだ。「楽しさとゆとりある教育」の追究である。その核となるのが、「全校スポーツの日」である。

「全校スポーツの日」の設定

一年次はスポーツを前面に出した。学校はどうしても知育中心になりやすく、心の面や体育面が疎かになりがちである。子どもたちは頭でっかちになり、心の豊かさや思いやりが育たない。そこに目をつけたのが竹内先生である。学習指導要領の改定で、「ゆとりの時間」ができた。これを活用しない手はない。そこで出てきたのが、月一回の「全校スポーツの日」である。学校近くの施設を活用して、子どもたちに開放した。のびのびと体を動かし、転げまわったり、土手を這い上ったり、公園を素足でかけまわり、友だちとぶつかり合い、教師と共に歓声をあげた。(3)

教室から抜け出した実践であったが、父母の積極的な姿勢と理解があったからできたのである。ＰＴＡ機関紙や学年別研修会で話し合い、「全校スポーツの日」〈自然に親しむ日〉についての親子の対話も広がるようになった。助け合いの精神、ゆずりあいの友情を高く評価する親が多くなった。

「八町の日」の位置づけ

「全校スポーツの日」の実践は一年で定着してきた。それをさらに幅広く教育活動全体を通して生かす工夫を考えた。今までの実践の積み重ねから、多くの教育的成果や価値を質的にも量的にも検討を加えた。そこで出てきたのが「八町の日」である。教科書を持たない全校学習の営みである。(4)

今までの「全校スポーツの日」の活動内容に系統性をもたせ、教育課程への位置づけをした。特に先生方が一番力を注いだのは、綿密な事前研究と本校独自のプランであった。年二回の恒例遠足を根本的に見直し、学校行事としての大きな課題解決を図った。それが画期的な試み「手つなぎ遠足」だった。

手つなぎ遠足

今までの遠足の学年枠を解体し、縦割り集団に子どもを編成して、自主的歩行による「手つなぎ遠足」を実施した。一般的なクラスごとによる遠足も意義があるが、目当てを変えて行った。「手つなぎ遠足」を実施した。成果は、以下のようであった。

・年という「枠」を超えた確かな友情があったこと。
・子どもの世界には、知らない者同士が一つの心で結ばれる美しさがあること。
・学年は違っても、タテの糸はつながり、いろいろな人間模様がかもしだされること。
・発達段階に大きな違いはあっても、心のぬくもりは一つであること。(5)

これらからみても成功感がうかがえる。とにかく、竹内校長の発想は豊かである。職員を説得するために、自分は日曜日に全ての遠足経路を一人歩きして、コースの点検をしていたのである。このことをもってしても、その熱意が伝わってくる。

年賀状と校長先生――校長の遊び心

今、年賀状は少なくなってきた。私も来年から辞めるつもりだ。しかし竹内校長は年賀状も大切にしていた。かつての教え子からの年賀状は懐かしく、当時を思い出して、一枚一枚相手を思い浮かべて読むのもいいものだ。竹内校長は卒業生はもちろん、在校生にも返信を書くようにしている。忙しい中、図工の授業は持つようにしているから、結構教えてもらっている在校生からの年賀状も多い。

校長先生は絵がうまい、版画がうまいことを知っていて、それを期待していたからであろう。子どもたちからくる年賀状の返信は大変だが、子どもが待っていることを考えると、得意のスケッチを手書きし、松の内に投函するようにしたということだ。(6)

こういう子どもじみたところが竹内校長の面白いところである。子どもたちの届けてくれた年賀状を「むだ」や「当たり前」と考えないで、心をこめて返信しなくてはならないと考えているところが竹内先生らしいところだ。

なお、校長が授業を持つことには賛否の両方があろうが、私は校長は授業をすべきだと考えている。教師が授業をしなくなったら単なる管理者になり、子どもからみたら、つまらない校長になってしまうのではあるまいか。

子ども造形パラダイス

造形パラダイスは豊橋市立小中学校図工美術研究部が企画、構成している事業である。ここでも竹内校長は中心的役割をしている。昭和三三（一九五八）年から毎年開催している。この行動は、野外で行うことであるので、雨に見舞われることもある。竹内校長はこの野外展の中心的メンバーとして、三〇年間携わってきた。この野外展は、その後、三河各地に広がっていった。

例えば、第三〇回昭和六二年一〇月一七・一八日をみてみよう。テーマは「自然は友だち」。「造形パラダイス三〇周年記念として吉田城広場に『わんぱく迷路』を制作。約八〇〇〇人の子どもたちが入場して遊んだ。開会式当日の朝九時頃、暴風雨警報解除、多くの教師や児童生徒が修理や展示に駆けつけた。」(7) こういう苦労をしながら造形パラダイスは続いている。生みの親、育ての親として、竹内校長は携わってきた。「造形パラダイスは私の誇りです」(8)と述べている。

常に評価を大切に

プラン→実行→評価→プランの再提出、が一般的な流れである。しかし、とかく「評価」があまり行われていないのが一般的である。やりっぱなし、それで満足してしまう傾向がある。竹内校長は評価を重視している。『私の学校づくり』の目次を見ても「評価」の項目が結構目につく。評価者は子ども、親、教師、参観者、学識経験者である。

五年生の作文である。「全校スポーツという楽しい行事、たまにしか遊べない先生と思い切り楽しく遊ぶことができることは、もっと何回もしたい。これほど楽しいことは一回ではつまらない。ぼくは去年卒業した先輩がかわいそうな気がする。」「今まで校長先生と遊んだことは一度もない……。」「ぼくは全校スポーツの日はすごく楽しい。先生たちも一緒にやるから……。」(9)これらは児童の評価である。

次に女教師の指導記録簿である。「草の上、本当に気持ちがいい。特にこの学校ではこのような広い所で伸び伸びと思い切り自由にさせることは大変必要なことだと思う。いつも『もっともっと教室外の学習や遊びをさせた方がいい』と思いつつ、なかなか実行できなかったが、今日は改めてその大切さを痛感した。」(10)

心の温まる手紙や礼状

毎日新聞にこの「八町の日」の記事が掲載されたことがあった。それを見た数人のかつての同僚、先輩から電話がった。「君は勇気がある」「だれも思っていることだ」「しっかりやれ」「新聞を見てやったなあと思いました」「しっかりやってください」と。「言いたいことを言いっぱなしの今の社会に、教師たちは信念を持って進みたい」と激励の封書の手紙が校長のもとにきた。

昭和五〇年第一法規学校経営研究賞第二位で、八町小学校が全国表彰された。それが公表された後、全国からひっきりなしに参観者が多くなった。どこの学校も新学習指導要領にどう対処したらよいか迷っていたからであろう。竹内校長は、参観者通信として、職員にそれらの感想を配付している。

「昨日はお邪魔いたしまして、懇切丁寧なご指導を拝聴しありがとうございました。ほのぼのとした心暖まる思いで校門を出ました。――中略――帰路、ゆったりした車中で、私たちは先生からいただいた新聞を回し読みしたり、手にした学校日記抄を読んだりしながら、八町の教育に花を咲かせました。――その中から――校長先生の印象・白髪にもかかわらず、若さが満ち溢れている。エネルギッシュな人。・教育信念に燃え、新鮮な感覚の持ち主である。・度量が広く、優しい思いやりはあるが、いい加減な教育者には、とても厳しい人。――以下略――」(11)

一流の相談相手

竹内校長はよく勉強していらっしゃるが、常にこれでいいいか、自問自答している。国内でトップをいく先生方を自分の手元に置いてみえる。一人は筑波大学の相川高雄教授である。教育心理学や特別活動の権威である。かつて愛知学芸大学の教授をしておられた。その関係で、学芸大学や愛知県教育委員会に席をおかれた竹内先生が相川先生を招聘されたに違いない。

相川教授曰く「とにかく、教育の研究・実践に熱意とバイタリティーがある。そして、これからの学校経営についての洞察力や識見も高く、それを訴える表現力や行動力も豊かである。八町の日の研究・実践の内、全校スポーツの日、あすなろ集会、立志農園など、私も直接にみせてもらった。土曜日に行事を集めることの是非を論じたこともあった。しかし、だれに何と言われようとも、竹内さんは、営々として八町の日の研究と実践を推し進め、特色ある学校づくりを成し遂げられた」と。(12)

もうひとりは早稲田大学の子安美知子教授である。子安教授は元々はドイツ文学者であるが、子育てにも関心があり、『ミュンヘンの小学生』などの著書がある方である。市内時習館高校出身ということで懇意になられたと思うが、何れにしろ、全国レベルの学者との連携をもとに、自校の実践の確かさを確認し、優れたリーダーシップで、全国レベルの学校や子どもたちにしたことだけは間違いがない。稀に見る実践的な校長である。

引用文献

(1) 竹内吉治『自分史・ひたむきに歩いた道』北川印刷、平成一一(二〇〇三)年、一四頁。 (2) 同、一七頁。 (3) 竹内吉治『私の学校づくり』第一法規、昭和五三(一九七八)年、二〇頁。 (4) 同、五一頁。 (5) 同、六一頁。 (6) 同、七〇頁。 (7) 同、二〇四頁。 (8) 同、一五七頁。 (9) 同、二四頁。 (10) 同、一二八頁。 (11) 同、一五七頁。 (12) 同、八頁。

飾らず、偽らず、媚びず、そして温情家、神谷卓爾先生

先生との出会い

私が新卒二年目の昭和四四（一九六九）年、勤めていた岡崎市立岩津中学校に神谷先生が市内の河合中学校長から転任してこられた。学区では「今度の校長は一級品ではない。特級品だそうだ」という話が流れ、非常な関心をもって迎えられたことを未だに覚えている。

先生はまさしく信念の人であり、飾らず、偽らず、媚びることはなかった。それでいて温情家でもあった。先生が私達にいつも口癖のように説いておられたことがある。

「教育は、子どもを信ずるところに成り立つ」

「子どもにとってマイナスと判断したら、断固として拒否できる姿勢を示さなくてはならない」

「特殊なものは教育ではない」

先生は学校の教育力を高めるため、職員の力量向上に専念された。内部から盛り上げることが教育の本道であるが、先生にとってはしんどい努力のいることでもあった。「子どものために尽くしますと言いながら、次の学校へ栄転したい心を起こすことは子どもの心を裏切ることだ」と常々語ってお

られた。

以来、私は先生が現職中の時はもとより、退職された後も困ったことがあれば相談にお邪魔したり、嬉しいできごとがあれば第一に報告させていただいたりしていた。

渥美生まれの生粋の三河人

先生は大正一〇（一九二一）年、渥美半島の先端の伊良湖岬村（当時）の農家にお生まれになった。お父さんは村長や町長をされた方であった。小学校の頃までは身体が弱く、本ばかり読んでいたそうである。小学校卒業後、豊橋中学校（現・時習館高校）に入学し、渥美を離れて下宿通学であった。中学校から岡崎師範学校本科を経て教員になられたが、最も大きな影響を受けたのは、途中で戦争に狩り出されたことだと回想されていた。師範卒業後、尾張の長久手尋常高等小学校に一年赴任し、岡崎師範学校専攻科を経て地元の田原中部国民学校に勤務された。そこで一年の勤務後、再び入隊（内地勤務）となり、昭和二〇（一九四五）年八月に復員帰校された。終戦後は地元の堀切国民学校に勤務したが、昭和二二（一九四七）年の一学期末、岡崎の一人娘さん（奥様の美代子さん）との結婚の関係で、岡崎市立甲山中学校に転任された。

大の読書家

先生と言えば、大の読書家として知られていた。しかも、先生は単なる物知りの読書家ではなかった。「私のもっているものは、雑学でしかない」と先生自身は言われていた。とすると雑学者は、先生のように事にあった時、広い視野から的確な判断を可能にする人間的な深みを兼ね備えていなければならないことになる。

読書は人をつくると言われる。先生に接すれば接するほど、それが実感として伝わってきた。しかし、「何でもかんでも本を読め」という人ではなかった。知らず知らずのうちに、読書の大切さを自覚させ、読書習慣のきっかけをつくってくださった方であった。

私が新任四年目の時、学級開きをして間もない頃のことである。受け持ちの男子生徒の父親が、怒り心頭で学校にやってきた。「息子だけを殊の外に叱る。学校に行きたくないと言っているが、どうするつもりか」という訳である。私は指導日記にこのことを書いた。これを読まれた先生は、孟子の『至誠にして動かざるもの、未だこれあらざるなり』と指導日記に朱書きしてくださった。そして翌日、「至誠」という言葉が引用されている河上徹太郎の『吉田松陰の手紙』（潮出版社）を手渡してくださった。心一杯力一杯取り組めばいつかは必ず通じる、という教えである。その年の卒業式の翌日、生徒とご両親は自宅に卒業のお礼の挨拶に来られた。

私はそれ以後、吉田松陰に強い関心を持つようになり、その故郷・萩を幾度か訪れるようになった。

夜の校長宅訪問

仕事帰り等に仲間とお酒を飲んで酔ってくると、最後は先生の家に押し掛けることがよくあった。別にこれという話があるわけでもないが、何となく心と足が先生宅に向かってしまうという感じであった。しかも不思議なことに、自分一人だけではなく他の先生方も同じ気持ちになっていた。夜遅い時間であっても、奥さんや息子さん、娘さんまでもにこにこしながら、我々の下手な歌を聞いてくださった。

そんな時の最後の締め括りは、先生の教育談義や本の紹介であった。そして帰り際には、「おい、あんまり飲むなよ。飲むこと自体を必ずしも悪いとは言わないが、君たちが病気になった時のことを考えてみろよ。母ちゃんや子どもはどうなるんだ。その辺のことを考えて、あんまり無茶するなよ」。

この短い会話の中にも私たち職員のことをどれほど思っていてくださるか、思わず目頭が熱くなったことを覚えている。

佐藤玄彦先生の足跡『鐵樹』の出版

昭和五〇（一九七五）年、先生は敬愛されていた竜城会会長の佐藤玄彦先生の歩まれた教育の足跡や業績を対談形式で『鐵樹』（B6判・三一〇頁）としてまとめ、佐藤先生の人間像を浮き彫りにすることを考えられた。

『鐵樹』の題意については本の表紙裏の囲みに「『鐵樹開花』よりとる。俗諺にある『事成り難きを見て、須く鐵樹開花の如し』と。鐵樹は鉄の木、中国広西に産し、丁卯（ひのと・う）の年にのみ開花する。云々」と書かれている。佐藤先生のお宅に古くから伝わる額の中にある言葉で、佐藤先生が大変愛されていた言葉だそうである。先生は誤りのないようにいろいろな文献を調べられたり、東京大学出身の松野尾潮音先生に聞かれたりして研究されたそうである。一つの言葉を決めるにも、全力を傾注して検討される先生であった。先生は、「佐藤先生は温情のある人で、部下の面倒をよく見てくださった親分肌の人間味の深い人だ」とよく言われていたが、先生もそうした人であり、佐藤先生の人柄を一番よく継承された方であった。

『鐵樹』が出版されると、毎日のように追加注文や新規購入の問い合わせが殺到したそうである。読んでみると、自分たちの身近な内容で読みやすく、学校生活や教員生活に直結し、考えさせられる点が多くあり、読む人の共感を呼んだのだと思う。

神谷語録『ともしび』の刊行

先生が定年退職されたのは昭和五六（一九八一）年三月で、岡崎市立南中学校を最後に定年退職をされた。その四年前、先生のご指導を直接受けた有志数人が発起人となり、『神谷先生を囲む会』ができた。先生の教育に対する情熱に心を打たれ、教育観に共鳴し、先生から明日の活力を得るために集う会であった。あちこちの学校から四〇人を超える学校職員が集まった。酒を飲み交わし、歌を歌い、教育を語り合い、親交を温め合った。

そして会を重ねる中で、「先生の教育への理念や業績を本にしてはどうだろうか。我々だけでなく、後輩教師のよい指標になるのではないだろうか」という話が出て、全員大賛成であった。先生が職員に示されたプリントの内容を中心に、教育の実践、業績、教訓などを編集し、先生のお人柄を浮き彫りにできればと願いつつ、何度も編集委員会を重ねた。そして刊行されたのが、神谷語録『ともしび』（B6判・三六一頁）である。

その巻頭には、先生が慕っておられた当時の竜城会会長の佐藤玄彦先生が『畏友　神谷卓爾君』と題し、次のように寄稿された。

「神谷君、きみは実に勉強家である。非常なる読書家である。岡崎の校長として、並びなき者と推賞しても過言ではあるまい。後藤金好氏も常に言っておられた。『本屋へ行けば、必ず神谷君がおる』と。教育者の最たる資格は読書、それを身をもって実行し続ける点、勉強家としての面目躍如たるものがある。読後のメモなど、なかなか真似られるものではない。

君の温情家であること、蓋し、特筆すべき才と言えよう。情感を温め、声を発すれば人の情を説き、生徒の訓示たるや聞く者をして深く感動せしめるという。子どものために邁進し、決して節を曲げぬ反面、非常なる部下思いでもある。とかく良い部下を育てると、膝下に掌握したきところを拘泥せず、伸ばすべきを伸ばせば適所に送り出している。その手腕、その視野、誠に大人物と言うにふさわしい」

教え子からも慕われた先生

在職中、生徒が学校の廊下を歩いていると、ポンと肩をたたいて、「よおっ、元気か」と気さくに声をかけてくださる先生であった。だから、在校生からも人気があった。昭和五六（一九八一）年三月、先生は岡崎市立南中学校長を最後に定年退職された。その後、岡崎女子高等学校（現・岡崎学園高等学校）に顧問として招かれ、八〇歳まで現役で数学を教えられたり、学校の進路指導の指揮を執っておられた。しかし、先生の生徒たちとの接し方は変わることはなかった。

先生は平成一八（二〇〇六）年に八六歳でご逝去されたが、お通夜と葬儀の日は弔問者が切れ間もなく続いた。ひときわ目を引いたのが、二〇歳前後の多くの若い女性の姿であった。高校時代の教え子であった。その中には、真夜中の午前二時近くに東京から新幹線の最終便で駆けつけて来られた教え子が二人いた。その時の「以後、先生のような教師にも大人にも出会ったことがありません」という言葉は、今でも忘れることはない。

師　魂

私は七五歳になった。未だに先生への思いは変わらずに強烈に残っている。そして「どうかね、元気にやっとるかね」という先生の口癖の挨拶を、今でもよく思い出す。このことは私一人だけではなく、先生と関わることができた方々は皆同じではないかと思っている。

岡崎市立緑丘小学校長を最後に、教師生活を締め括られた松井幸彦先生も、先生の大の崇拝者であった。松井先生は神谷語録『ともしび』の中で、『師魂』と題して先生を語っておられる。それは私たちの心から消え去ることのない姿である。

師　魂

松井幸彦

子どもを愛し
　部下を愛し　そして同僚を愛する人
すべての子どものひとりひとりの幸せを考え、
　部下の健康を思い幸せを願う人
他人にもきびしいが
　自分にはもっともっときびしい
弱い者には温かく
　強い者には眉をあげる
腹の煮え返るほどつらく泣けることもあるが
　後になると涙がこみあげ霧が晴れる
切磋琢磨本気になって教育に打ち込む人

本気になって叱り本気になって話してくれる人
近くにいるとこわい人
　遠くにいると会いたくなる人
偉大な人
　その名は神谷卓爾先生

〔梶尾長夫〕

参考文献

＊鐵樹編集員会『鐵樹』中日本印刷株式会社、昭和五〇（一九七五）年。
＊ともしび編集委員会『ともしび』中日本印刷株式会社、昭和五六（一九八一）年。

高潔な人、鈴木敏先生

あえて親しみをこめて敏（びん）先生とする。昭和五五年、私が勤務していた西尾市立一色中学校に赴任してみえた。それから五年間お世話になった。師範学校の級長ということからして、三河校長会のエリートコースを歩まれた先生である。もちろん私よりも一九歳年上であったので、私は知る筈もなかった。私が教師になった頃には、私の勤務地にはあまり深い関かわりをもってみえなかったからである。先生の噂くらいしか知らなかった。

ただ、私の恩師で、中学校の担任、深見脩先生との師範が同期ということで、深見先生から敏先生のいろいろなことをお聞きしていたので、なんとなく親しく感じていた。

温厚なお人柄

師範学校を卒業後、地元の国民学校、地元の一色中学校に勤務された。一色中学校では私の義父と同じ学年の担任で、隣の組を受け持っていたようである。私の義父は傍系（大阪外語専門学校）の出身で、岡崎師範の竜城会出身者と対立したようであるが、敏先生の悪口だけは言わなかった。立派な人格者だったからである。

師範学校では級長をしていたが、いかに人格者であったかを物語るエピソードがある。クラスの者が喧嘩等をしていても敏さんが来るとさっと収まったということである。それほど同級生からも信頼されていたということである。しかし、その敏さんが私に話されたことであるが、実は師範学校の入学試験は補欠合格であったそうである。それまで一クラスであったものが二クラス、つまり一クラス増になったことで、深見脩先生とともに、補欠合格になった訳である。卒業時には正式の級長になっていたのであるので、入学試験の成績など全くあてにならないものである。

法政大学の通信教育

戦時中に師範学校へ進まれた人たちはあまり勉強する機会がなかった。師範学校卒、昭和一八年から二〇年に卒業した教師たちは、通信教育を受ける真面目な教師が多かった。繰り上げ卒業や学徒動員で、学校ではあまり勉強できなかったからだ。家庭の事情が許す教師は、学芸大学後期課程へ行った人もあったが、家庭に事情がある教師は通信教育を受けることになった。愛知県にはそういう大学はなかったために、東京の法政大学や慶応大学の通信教育を受講した人も多い。敏先生は法政大学で通信教育を受けられ、国語と社会科の上級免許状を取得された。戦後の生活が困窮していた時代に東京でスクーリングなどを受けることは大変だったと思われる。家は農家だったこともあり、農家の仕事のために、早くお嫁さんを貰われた。その奥さんが冗談で、「私はここへ農業をするために来た」、と言われたそうである。半分当たっているかもしれない。

後に、先生は「この通信教育が自分に力をつけてくれた」、と言ってみえる。自分ひとりでレポートを書いて、添削を受ける作業も大変だったであろう。しかし、敏先生はここで力をつけ、西尾中学校へ転出した。その後、愛知学芸大学附属岡崎中学校の国語科教官として赴任された。ここで研究の方向が決まった。三河の国語の重鎮、後藤金好との出会いである。氏の主宰する「形成の会」の事務局を担当したり、会長をしたりした。特に作文教育には力を入れたようである。

その後、西尾市教育委員会指導主事、学校教育課長、愛知県教育委員会指導主事、豊田教育事務所次長、西三河教育事務所次長を歴任されてから、私のいた一色中学校に赴任されたわけである。

俺は責任者だ

あれはたしか三河校長会の役員をしてみえた時のことである。昭和五五年前後は、三重県を初め全国的に校内暴力が風靡していた。本校もそれほどではないが、校則を守らなかったり、学校へ来なかったりする生徒もいた。そんな時、ふざけによるキリ刺傷事件があった。技術科の授業のあと、男子生徒がふざけてキリで遊んでいて、そのキリが相手の胸にささってしまった。それがたまたま新聞記者の耳に入り、県下の新聞社、テレビ局が来てしまった。そしてその日の夕刻に報道されてしまった。

生徒指導のマニュアルでは、記者への対応は教頭が担当することになっている。教頭であるならば事実と違っていたとき、後で修正できるからである。ところが敏校長は自らテレビに出て、事故の説明をした。それがテレビに放映された。誰でもテレビにでることは嫌である。しかも三河の校長会の重鎮の立場にある。その中でのテレビである。

しかし我々若い者は、この態度に好感が持てた。事件のとき、校長がどういう態度をとるかということが職員のモラール（morale：士気）に大きく影響する。事実、私はこの誠実な態度に、敏校長を尊敬した。この校長のためならなんでもやろうと誓った。

不良生徒と正座して

校則を守れない生徒と対峙する姿は、誠実な姿として職員に好感を与えた。例えば、校則を守れず、違反の学ランを着て来たり、タバコ・シンナーを吸ったりした生徒に対して、校長室で話し合う場面もあった。校長室のじゅうたんの上に自ら正座しての説諭である。一般の校長であるならば、そんなことは生徒指導主事や学年主任に任せておけばいいと考えることが多いことだろう。しかし、そこが誠実な敏校長である。

中学校においては、生徒指導は学習指導と並んで重要な役割がある。いや中学校では生徒指導の方が上かもしれない。そのようなとき、校長の役割は極めて大きいと言わざるを得ない。一つの物事に対して、校長がどういう考えを持っているか、ここに校長の哲学を見ることができる。校長の哲学、教育観こそ教師集団を生かす、育てることになる。私はそうして育てていただいた。

何もおっしゃらなかった

一色中学校時代は、自分が最も脂の乗り切った時代であった。学習指導、生徒指導、部活動（軟式テニス）なんでも来いという調子だった。部活動は三河では敵なしというふうであった。たまたま生徒指導上、女子が万引きをしたり、家出をしたり、下級生を脅したりすることがあった。父兄召喚をして、注意した時のことだった。

ある母親が私の批判をしてきた。「安井先生はときどきなぐることがある。体罰てゃあいいの?」鈴木校長も同席していたので、即座に「注意しておきます。」と答えられた。しかし、その後、先生は私に何もおっしゃらなかった。私が十分反省をしていたと判断したからでしょうが、私を信頼していてくださったことが何よりうれしかった。そんな時に、「体罰しちゃあかんぞ」などと口頭で注意を受けていたら、やる気が減退していたであろう。校長の一言は、部下職員を動かすのである。

下農は雑草をつくり、上農は土をつくる

敏先生の好きなことば、口癖は「下農は雑草を作り、中農は作物を作り，上農は土を作る」である。言いかえれば、「上農は草を見ずして草をとる。中農は草を見て草をとる。下農は草を見て草を取らず」である。一色中学校の運動場は広い。敷地は全国のナンバー三に入るほどである。特に運動場はソフトボールの試合が六つ位できそうである。それだけにその運動場の草取りを掃除当番だけではとてもできない。それを知っていた敏校長は朝早く学校へ来て、草取りをして、生徒の登校前に、自宅に帰って、着替えてから勤務につくという状態であった。私たちはしばらくそれに気づかなかった。そういう校長であった。

この言葉は、よい作物を作るには、先ずよい土づくりが大切だと言っている。雑草を生やしているなんてとんでもないということであるが、この雑草を「生徒指導」と置き換えてもいいわけである。いじめ問題など、問題が出てきてから、右往左往していてもダメである。問題が起きる前の学級経営が大事だというわけである。何れにしても雑草が生えてきてもそのままにしておくようでは、下下農である。

『野麦峠』読んだか？

あるとき、「安井君、『野麦峠』読んだか」と尋ねられた。映画でもやっていたので、「映画で見ました」と答えてしまった。社会科の教師である。『女工哀史』や『野麦峠』くらいは必読書である。

平気で「映画で見ました」と答えているようでは、ときっと失望されたに違いない。しかし、先生は何も言われなかったが、四〇年過ぎた今も、忘れられない。若かった。勉強不足、努力不足だと今でも思っている。

定年後、よく敏校長宅に伺うが、図書は丁寧に整然と棚に整理されている。これを見てますます自分の読書量が少なく、本を粗末にしていたことが恥ずかしく思っている。「私の趣味は読書です。」と軽々しくいうわけであるが、敏先生に言わせれば、少ない読書量で口幅ったくも「自分の趣味は読書です。」と言ってはいかんということである。

厳しい担当者への指導

一色中学校では、毎年、学校全体で文集を作っている。生徒の代表の作品が掲載されるわけである。国語部の仕事である。私は社会科部であったので、直接叱られたのではないが、国語部からの同僚から聞いた話である。作文に部活の指導の場面があった。それは文化部であったが、生徒の訴えによると、顧問が余り指導してくれなかったことを嘆いて書いた作文である。中学校では全校部活で、毎日一～二時間の部活動がある。それが一般的であった。ところが本校のある文化部の担当者は「自分たちでちょっとやって帰ったら」というもので、あまり指導をしてくれなかった、というわけである。

その作文を見た校長は怒った。これは事実かどうか、まずそれを調べよ。それから作文の校正に入る、ということであった。国語の問題というよりは、日ごろの部活動指導に対する教師の姿勢に問題がある、と言うわけである。子どもに対する教師の姿勢に対しては厳しかった。

初めてしかられたこと

幡豆郡の教員組合の書記長をしていたときのことである。一色中学校の教員組合分会は職員数五〇名と郡内トップの大きな学校である。教員組合の単組内としては最大である。大きな分会は重要な三役を一人出す慣例になっていた。私は三六歳で教員組合書記長をしていた。私の後任に四二歳のA教諭を組合本部から推薦する要請があった。一般の執行委員は各分会で決定するが、三役などの重要な執行委員は内々本部から要請があり、それを学校分会推薦という形にして立候補していただいていた。

ところが分会委員のB先生は、A教諭が自分で立候補するような言い方を組合員にしてしまった。それを聞いていた敏校長は、私を一人運動場へ呼んで、草を取りながら厳しく注意された。最なことである。五歳も年齢が上のA先生に私の後に、お願いするわけである。しかもA教諭は自分で好きで立候補したわけではない。若い分会委員にもっと言い方を書記長として指導すべきであることを、初めて真剣に怒られた。私を成長させるために。

人事にみる敏先生の姿勢

もう時効であると思うので、二つばかり私の例を出す。

一つは、郡内校長会で某所への推薦候補を絞る時のことである。各教科の代表を決める時のことである。私のことを快く思わない校長会長は「安井君は思想はいいかな?」と言ってきた。私を落とすための発言である。敏さんは「安井君はそんなことはない。五年見てきて、思想的に何ら問題はない。俺が責任をもつ」という一言で決着したとのことだ。現職を離れてから、同席していたかつての校長から伺った。

もう一つは某所への人事で私ともう一人、A市の大物校長のもとで勤務するB君との間で、どちらにするかもめていたという。B君に傾きかけていたことを聞いた敏校長は、人事を好まない校長であったが、「俺は今まで人事のことで注文をつけたことはないが、今回だけは安井を降ろすことはできない」と担当者に食い下がったとのことであった。定年後大分経ってから聞いた話である。

私は先生に大変ご迷惑をかけたことになる。それだけ私のことを思っていてくださったのである。人事に強くなくてもいいが、いざという時には、敏さんのように部下のために尽くす校長や管理職でありたいものである。

突然自宅を訪問したとき

九四歳になられ、流石に外出は少なくなった。私は敏先生を年に数回訪問をするようにしている。先日訪問したら「ちょっと上がれ」と言われたので、お言葉に甘えて、三〇分ほどお邪魔した。そしたら、すぐ(二一〜三分で)持ってみえたものがある。それは私が五年ほど前に謹呈した七八〇枚の『校長室の窓から』の製本版である。付箋が入っていた。

突然訪問したのに、さっと本棚から持って見えたのであるから、常日頃から意識していなければできない仕草である。「これだけのものはなかなかできない」と言って、褒めて下さった。いつまでも自分の部下の研究物を大切にして下さっていることに敬意を表している。ほんとうにできた先生である。見習いたいものである。

私は校長や教育長をしていて悩んだ時は、必ず先生を思い出し、先生ならどう考えるか自問してから行動に移るようにしていた。部下の指標になるだけの見識と知識を持ち、行動がしたいものである。

至誠の人、粕谷智先生

出会い

私が新卒で東加茂郡足助町立足助小学校に赴任して三年目、昭和五六年四月、粕谷智先生は足助町立足助中学校に着任された。教員になったばかりで人事に疎い私であったが、そんな私にも、「今度の足助中学校の校長にすごい先生が着任されるそうだ」の噂は耳に入ってきた。それが、粕谷智先生であった。西三河教育事務所次長からの転任である。私は、その年の三月に結婚したばかりだった。

四月のある日、足助小学校の校長室に粕谷先生があいさつにみえた。その時、小学校の校長室で、私の結婚披露宴の写真を見ていらっしゃる粕谷先生の姿をお見かけした。風格のある優しそうな先生だなと思った。それから三年後、私は足助中学校へ異動となり、粕谷先生のもとで働くことになる。中学校は生徒指導で大変だとのことは聞いていた。しかし、粕谷先生が赴任され、足助中学校も落ち着き始めていたときだったように思う。

小学校と違って中学校では学年会が中心で、校長とは距離を感じた。とりわけ粕谷先生の現職最後の年は、三河小中学校長会長という要職についてみえたので、出張も多く、在校日が少なかったこともある。校長室など、進路指導委員会でたった一度入った記憶があるだけである。とにかく偉い先生、職員からも絶大の信頼がある校長という感じだった。

足助小学校で健康教育日本一の学校になり、全国発表を経験させてもらった私は、中学校でも力を発揮したいと思っていた。しかし、二年生の担任となった中学校では、思うように動かない生徒たちを前に落ち込むばかりだった。今から思い返せば、自分の考えを生徒に押し付けて動かそうとしていたのだと思う。小学生にはそれでよかったが、中学生には通用しなかった。権力で押し切るような学級経営をしていたと反省させられる。私の教員人生を振り返って、もっともだめだった二年間だった。そのもっともだめだった二年間を、私は粕谷先生に見守っていただいたことになる。

職員室に掲げられていた教師像

そのころの足助中学校の職員室には、「足助中学校教師像」の額が、掲げられていた。それには、次のように記されていた。

一　やさしさと厳しさを併せ持つ、生徒に魅力ある教師
二　生徒一人一人の心にくいいることのできる教師
三　親や生徒の心の痛みがわかる教師
四　愛情を持って公平・公正に接することのできる教師
五　常に自ら学び続ける教師

中学生の指導に頭を悩ませていた私には、これらの目標は遠いもののように感じられた。ただ私には、小学校にはなかった部活動の指導だけが、毎日の心を癒す時間になっていた。本当の教師は、生

徒指導や授業がきちんとできる教師だろう、できればそうなりたい。しかし、この教師像は当時の自分にはあまりに高い壁であった。

今、振り返ってみると、粕谷先生の理想とする教師像が掲げられていたのだと思う。それは、職員会議の指導の中で、あるいは生徒指導上の議論の中で、ごく自然な形で語られる先生の言葉の中に感じられるものだったからである。おそらく、粕谷先生が着任当時の教頭、もしくは教務主任の手によってまとめられたものであろう。粕谷先生は、「こんなこともできないのか」と、職員を叱責するような先生ではなかった。「こうありたいね」という目標を示していてくださる先生だった。粕谷先生自身、常に自分もその途上にあるのだという謙虚な気持ちでおられることを感じさせる先生であった。

日常の姿

粕谷先生の説得力はどこからくるのか、それは日常の学校生活に見る先生の指導の姿である。

例えば、下校時に校門坂の校訓碑のところに立って生徒を見送る姿。気の向いたときにするなら誰にでもできそうなことである。粕谷先生は、これを大事な日課として位置付けていらっしゃるようであった。学校にいるときには欠かさず立っておられた。雨の日も、である。それにつられて職員の多くも立つのであるが、先生のようにはいかない。粕谷先生は、常に笑顔。「さようなら」、「今日はがんばっていたね」、「いいことがあったのかな？」などと、生徒の顔を見て言葉をかけられていた。そして、職員室にもどられると、すぐに生徒の顔写真が貼ってあるアルバムを開いて、名前を確認しておられた。そして、気になった生徒については、担任に様子を尋ねることもされた。生徒指導の基本中の基本である。誰にもできることを当たり前のようにする、これが実は誰にもできるわけではない。

できることを積み重ね、日常化すること、習慣にすることが、教師としての力量になるのだと思った。また、こんな姿も目にした。清掃の時間である。私は、職員室の窓から体育館前の中庭の清掃をしている生徒の様子を見ていた。とは言っても、生徒は実際には清掃をせず、竹箒を放り出して友達と池の中の魚を追い回していたのである。そこに粕谷先生がやってこられた。先生は、池の中を覗いている生徒の横に並んで、一緒に池の中を覗かれた。生徒は、横に誰かが来たので、振り向くと校長先生であることがわかり驚く。顔を合わせて、粕谷先生は微笑みかける。すると、生徒はあわてて箒をつかんで掃除を始めた。粕谷先生は、「掃除をしなさい」とは、言われなかった。「何の時間かな？」と、微笑みながら顔で語ったという感じであった。生徒には、それが伝わっていた。

ときどき授業の様子を見て回られることもあった。上手い具合に授業がいっていないときに限って校長先生が……、という場面がよくあった。粕谷先生は、遠慮がちに顔を出されて、掲示物を見たり、子どもたちの様子に目を向けられたりした。興味深い授業ならば、しばらく参観しておられたと思うが、見てはおられない状況のときは、さっと、教室を後にされた。教室にテストの成績や、生徒を順位付けしたようなものが貼り出してあると、職員室に帰ったときに、「あの表は、どういう表ですか」などと、必ず質問された。中学校の教員は、すぐに順位によって競争意欲を煽り、成績を上げようとしがちである。そのことを諌めておられるのだと思った。見るべきものはそこではない、もっと違うところに目を向けなさいと言われているようだった。

そんな私であったが、一つだけ褒めていただいたことがある。通知表の所見である。中学校へ替わっての学期末。四三名の学級を担任していた。三五人は何とか書けたのだが、あと八人が書けない。まったく筆が進まないで止まってしまった。何も書くことが思い浮かばない。テストの点数を眺めても、具体的なコメントはいっこうに思い浮かばない。それだけ、その子たちのことを見ていなかったということである。反省とともに、時間ばかりが過ぎて焦るばかりの経験をした。そこで、次の学期は、期末にアンケートをとったのである。好きな教科や苦手の教科。また、その理由。「この学期で一番がんばったことは何ですか」、「もっとこうすればよかったということはありますか」などの項目で、生徒に書かせた。具体的な情報があるので、ずいぶんと書きやすくなった。その結果、「先生の所見は、具体的でわかりやすいですね。一人ひとり違っていて、子どものことをよく見ています」というお褒めの言葉をいただいたのである。それはそうである。子ども自身が自覚している部分を後押ししているので、子どもの思いとずれているところがない。実際に目にした姿ではなかったので後ろめたい気はしたが、他の先生たちはこのように書いてはいないのかなと思った。このことがあって、子どものどこを見なければいけないのか、わかった気がした。

月曜朝礼での校長講話

毎週月曜日には全校朝礼があった。私が校長のときは、それが月一回になっていた。全校生徒を集合させると、月曜日の一校時の授業が中途半端になるというのが、その主な理由である。正直、私は助かったという思いであった。

私も校長職を経験させてもらってわかったことだが、校長が子どもたちに向かって直接指導できるのは、「校長先生のお話」のときだけである。だから、「校長は、あいさつで勝負する」という言葉があるのだろう。本当に貴重な時間である。目標をとらえた教科担任であれば、できるだけ多くの指導時間を確保したいと思うのは当然のことである。それと同様に、校長にとって直接子どもに語り掛けられる時間は、つくりたい学校像を子どもに伝える絶好の機会である。

粕谷先生の月曜朝礼での講話は、「う〜」とか「あ〜」などという音は一切入らない。録音をしておいて、原稿に起こせば、そのまま道徳の資料になるというほど完璧なものであった。限られた時間の中で、生徒の心に残る話をしたいと考えたとき、その準備にどれほどの時間がかかるだろうか。まず、題材を選定し、十分程度の枠に納まるように構成しなければならない。原稿を書き、推敲をして、声に出して読み、録音をして聞き返すことをされたかもしれない。そして、話の内容をすべて頭の中に入れ、生徒の反応を見ながら語り掛けるように話されるのである。このことを考えただけでも、一回の講話に、先生がどれほど心を注がれているかがわかる。実際に、月曜日ごとの粕谷校長先生の話を楽しみにしている生徒の日記を目にすることがあった。一回ぐらいなら自分にもできるかもしれないと思ったことはある。しかし、それを毎回続けるとなると、とてもできることではない。このことを考えただけでも、いかに先生が精進されているかがわかる。努力の足りない自らのことを振り返った職員は多いことだろう。やって見せられるから、説得力があるのである。

講話集『いのち燃やして』の刊行

月曜朝礼での校長先生のお話を記録しておきたいという思いは、当時の全職員にあったと思う。粕谷先生が心血を注いで話されたことが、消えてしまうのは真にもったいないことである。そこは当時の教頭、青井治清先生が、着任してからすぐに準備をすすめていらっしゃったようである。

ある日の職員朝礼のときである。粕谷先生が出張でいらっしゃらないその時、青井教頭から提案があった。「粕谷校長先生が、教育者文部大臣表彰を受けられるのを記念に、先生の講話集を作ろうと思う。これまでに、いろいろなお立場で話されたあいさつや月曜朝礼で話してこられたことをまとめたいと思う。ついては、月曜朝礼で録音してきたものがあるので皆で分担してテープ起こしをしようと思うがどうか」というものである。反対する者などいるはずがない。私も二回分の朝礼講話のテープ起こしを担当することになった。聞き取ったままを原稿にすれば、それで完成である。

できあがったものは、百二〇ページの小冊子である。ここに、章立てだけだが紹介しておきたい。（編集は、青井教頭）

1　親の心、母の愛（五編）
2　愛、思いやり、そして、感謝（七編）
3　反省からの出発（八編）
4　逆境を乗り越えて（九編）
5　ものの見方・考え方―人生訓（八編）
6　親への願い（四編）
7　公職の中の先生（四編）
8　心からの感謝

生徒たちに、生きる力として何を大切にしてほしいか、粕谷先生の願いが伝わってくる。この冊子は、非売品で、おそらく限られた人の手にしか届いていないと思う。

貧乏ゆすりと焼きそば

職員会議では、途中で口をはさまれることはなかった。最後のご指導の場では、必ずねぎらいの言葉とともに所感を述べられた。このとき話される内容も、無駄なく整理されたものだった。中学校の職員会議は夜遅くなる。それで、食事をとってからというときもあった。出前をとるときは、よく焼きそばを注文された。還暦のお祝いの会で、私が替え歌でこのエピソードを取り上げると、先生は笑っておられた。また、「私は気が短いので」と、よく言われることがあったが、そう感じたことはなかった。しかし、職員会議の提案を聞いていて、テーブルの下に粕谷先生の貧乏ゆすりが始まると、何か問題があるのかな、とよく思ったことを思い出す。自分も校長になって、職員に同じことを指摘された。こんなことも、粕谷先生に学んだのかもしれない。

人間らしく生きる

『教育と文化』の二三号に、愛知教育文化振興会理事長としての粕谷先生の巻頭言が掲載されている。タイトルは、「人間らしく生きる」であった。全国へき地教育研究大会福岡大会で、耶馬渓の近くにある羅漢寺の立札にあった言葉を引用されていた。

年令（題）／地球は人間の遊戯場ではない／人生は祭日の連続でもない／本気になれ／真剣になれ／人間らしく生きた／時間の合計のみが／人間の年令である　（立札のことば）

人間の生き方は、根源的には教育に深くかかわることがらであり避けて通れるものでは決してない。人間は何のために生きるのか。人間はどう生きねばならないのか。これらの最も基本的な問題を問わない教育ほど危ういものはない。根本から崩れ去ってしまうからである。いにしえから求め続けてきたこのことを、生きている限り、今後も問い続けていかなければならない。（抜粋）

現職を退かれた後も、愛知県教育委員、委員長など、様々な要職に就かれた。地域にあっては、一住民として、道路整備作業などにも欠かさず参加されていたと聞く。いつも謙虚で、自分の仕事には全力で、誠実に立ち向かわれている姿は、「人間らしく生きる」に記されている生き方そのものであった。その信念をもって、生き抜かれた先生に、少しでも近づくことができればと思っている。

〔藤嶋力央〕

「教師の道」を求め続け、教師を育てた清水均先生

清水均先生は、昭和六年に豊田市幸町で誕生された。昭和二九年に、愛知学芸大学国語科を卒業すると同時に上郷中学校（当時は碧海郡）教諭となった。子ども達の能力を最大限に伸ばすための教育実践を重ね、教師のあり方を追究され、教師を育て、平成三年七月二八日、心筋梗塞で逝去された。崇化館中学校長、三河教育研究会長、豊田市校長会長としてご活躍の途上であった。

逝去の前日、二八日は、豊田市のおいでん祭りの花火大会であった。その日、私たち豊田国語研究会は、『語句に着目した読み方指導　全十巻』（甲斐睦朗監修、明治図書出版）の「説明的文章　四巻」を担当したので、その完成打ち上げ会で、会の代表者であった清水先生とご一緒していた。まさか、会の終了後数時間で他界されるとは……。食事会の最中、楽しそうに「ごんぎつね」の授業を語っておられたのが今も目に浮かぶ。

子ども主体の授業への導き

昭和四四年、私が新任教員となったとき、清水先生は教科領域別国語科指導員をしておられた。先生には、国語教育の実践、発表の様々な場に導いていただいた。清水先生の最後の勤務校の豊田市立

崇化館中学校で二年間ご一緒し、教師としての有り様を学ぶことができたことはどれだけ幸いなことであっただろうか。清水先生は、当時、まだまだ教師主導型の授業が展開されていた中、真に子ども達が自ら考え動く姿を引き出すための教育を問い続け、多くの教員を導いた方である。私が教員になった昭和四四年頃は、経済の高度成長のまっただ中であった。車の町豊田市にはトヨタ自動車や関連会社に就職する人々が急増し、児童生徒の数も大変多かった。私が新任で赴任した寺部小学校も翌々年には分離し新たな小学校ができた。市内では小中学校とも増設が続いていた。

時代は急速に変化していたが、私がそこで出会った先輩教師は現在の教員に比べるとのんびりした印象であった。学年内で授業のあり方や単元構想について語り合うことも少なかった。そんな折、私の初任者研修のために、清水先生に授業をご指導いただいたことがある。小学校四年生の国語の授業で、ドッジボールを題材とした作文の授業であった。後のご指導で、清水先生は、子ども一人一人の活動や表情、反応を例に挙げながら授業の問題点を指摘して下さった。そうか、授業では子どものそういうところを見るのか、と感動したことを今も鮮烈に思い出す。昨今では、授業の研修会では、子どもの具体的な発言や動きを挙げながら授業分析するのは当然のことであるが、昭和四〇年代には教師の発問の善し悪し、授業が指導案通りに展開されたかが問題にされ、子どもに関しては発言が多いか少ないかが取り上げられるくらいであった。清水先生は、そのころ、豊田市教育研究所指導主事として、市内各校を指導しておられたが、子ども主体の授業に変えなくては、教員の意識を変えなくてはと悩まれていたに違いない。

当時、国内の各方面では、これからの日本を支える子どもをどう育てていくかを追究する教育者が何人も活躍しておられた。斎藤喜博氏、東井義雄氏、重松鷹泰氏はじめ、錚々たる教育者の教育方法を紹介し、私たち若い教員の学ぶ意欲をかき立てて下さったのは清水先生であった。

「教育の原点を問い続けた人」――生涯教育を問い続ける「桁外れの読書家」

「実践者としての勢いのある教師のもとでこそ子どもは生命の息吹をふくらませていく」

実直で無口な印象の先生であったが、授業のこと、学級経営のこと、教師としての姿勢のことなどを語り始めると、話は止まることがなかった。「実践者としての勢いのある教師」は、昭和の教育の先達であった斎藤喜博氏に学んだ清水先生の座右の銘ともいうべき言葉であった。

校長講話などでは、自身が読書から学んだことを職員に分かるように工夫しながら話されることが多く、職員は必死でメモを取ったものである。

『斎藤喜博が、簡単な言葉で言えば、教師は演出家である、教師はオーケストラの指揮者である、ということを言っています。演出家は、ご存じの通り、自分が舞台に上がって演技をするわけではない。けれども、練習の過程で、台本のシェイクスピアのハムレットの生活体験とか性格についての知識や洞察、そういったものをもっているわけです。だから、俳優についての指示・演技指導ができるわけです。それが、舞台となるわけです。私たちの日常実践も、そういう一つの舞台というか、演劇を成立させていくような、個々の具体的な積み重ねの連続であるべきです』（校長講話より）

斎藤喜博氏の「教師は演出家である」は、私たちも何度か耳にしてきた。清水先生の「日常の演技指導の中で積み重なって初めて本物の演出になり……」という具体的な解説により、子どもを育てるためには日ごろの指導や関わり方すべてが影響することを学んだ。

校長便り「むげん」にはゴーリキーも登場する。

《教師論の再生を》

ゴーリキーは、「教師は魂の技師である」と言った。子どもの心的成長は、教師の力量に比例する。このことは、実践の歴史が証明している。教師の人間性の基盤にある感性も知性も理性も、日常の子どもとのかかわりの中で、有形無形に子どもに影響を与えているからである。

教科指導にあたる教師について一例を挙げてみたい。○○方式という形でいろいろな提唱がされてきた。某小学校が、「構造読み」に取り組んだことがあった。N校長の招きで、幾つかの授業を参観した。

そのとき、痛切に感じたことは、方式が授業の質を左右するのではなく、教師の力量であるということであった。Y先生の授業は、まさにそのことを物語っていた。子ども達は、作品の世界に没入し、登場人物の心情に迫ろうと必死であった。その表情には、真摯な追究をする者だけが見せる華やかさがあったことを今も昨日のことのように思い出す。

「君ひとの子の師であれば」（国分一太郎）をはじめ、東井義雄、斎藤喜博など、列挙のいとまもないほどの教師論がある。

最近「生と死の心模様」（岩波新書）を著した大原建士郎氏（精神科医）が次のように言っている。『最近特に感じるのは、学校の先生が非常に大雑把になってきましたね。十年くらい前は、自分の受け持ちの子どもに具合の悪い子が出てくると、先生はちゃんと診療室まで来て、今後の方針をちゃんと聞いていく人が多かったですね。最近はそんなことをあまりしなくなりましたね。先生は電話をかけてきたりね。こっちが診療中でもかけてきますからね。そういう礼儀知らずの先生が増えたような気がします。（「悠」の対談（一九九一・五）から）』

子ども理解＝子どもの内に育つものを見つけ出す力の必要性が現在ほど求められている時代はないと思われるのに、部外の方からこういう指摘を受けるとはどういうことか。（略）

読書したことを切実に受け止め、必ず実践に生かすべく教員を叱咤激励された。身がすくむような思いに駆られながら「むげん」を読んだものである。

教育記録を書くことで成長する

さまざまな研修会の講師を務められた清水先生の講話の中には、斎藤喜博氏、東井義雄氏がよく登場した。清水先生が桁外れの読書家であったことは、豊田市の教員なら誰もが知っていた。私は、二十代の頃、国語研究会の仲間と共に清水先生のお宅に二、三度お伺いしたことがある。驚いたのは書籍の量である。十畳ほどの書斎の三面は書棚、続く八畳二間の壁面もみな書棚、玄関からそれらの部屋に続く廊下の壁面も書棚……。圧倒されて言葉もなかった。教育書はもちろん、さまざまな分野の書籍があった。

「松山さん、これを読んでみなさい。」と、そのとき貸して下さったのが、斎藤喜博氏の『島小の授業』（一九六二年）と『島小の女教師』（一九六九年）であった。

この書籍に執筆している群馬県佐波郡島小学校の六人の女教師の人間性や教師としての姿は読み手

を圧倒する。その真摯さ、明るさ、前向きな姿勢、学び合う姿に心を動かされた。昭和の戦後間もない学校現場で謙虚でありながらどっしりと子どもに向かい、子どもの力を引き出す教育を実践する様子に、自分を恥じながら読み入った。

ここに登場する船戸咲子さんは、終戦後間もなく教職に就いた先生である。

「私は斎藤（校長）さんから『学級の記録を書いてみるとよい』と言われた。それまで手紙と日記の他には文章など書いたこともない私も、毎日の子ども達の中に起きた出来事を書いてみようと思った。私は、原稿用紙などという紙は使ったこともなかったので、縦書きの罫紙に、日記でも書くような調子ですらすらと書いた。斎藤さんに見てもらった。……生まれて初めて、こうした記録を書いた私であった。わずか五〜六枚の記録であるが、わずかなことでも一つのことを仕上げる喜び、仕事への喜びのようなものも、私の心の中に燃え始めてきた。」

この後、船戸さんの教育記録が展開する。教師になって間もない私は、教育記録、授業記録を書いたことがなかった。船戸さんのみずみずしい情熱的な教育記録に大きな衝撃を受けた。清水先生は、私に教育記録、授業記録をしっかり書くことの大切さを教えてくださったのだと気づいた。書くことで子どもを見つめ直し、自分の子どもへの接し方を振り返る、私のスタート点を示して下さった。

崇化館中学校の校長をされた清水先生のもとで、私は二年間勤めさせていただいたが、校長だより「むげん」は、清水先生の教育記録そのものであった。

『子どもの内面をたがやすこと』（昭五六年七月「むげん」から）

学校というのは、教師の立ち居振る舞いを通して、子どもの内面にかかわらないわけにはいかない。教師は意識するとしないとにかかわらず、子どもの内面に人間的なものを、ある場合には非人間的なものを、学校教育を通して培ってきたのである。教育が、育ちつつある子どもの内面に落とす影響は、どんなに重く見ても見すぎることはないであろう。（中略）

教育実践は、子どもの内面をつかむことから出発し，結局はそこへ戻っていく以外に前進の道はありえないのだと思う。いくらかでも子どもの内面をつかみ、その内面に働きかけ、子どもを変えることができたときに、教師は教師としての生き甲斐を感じるのである。どんなに技術的に貧しい新任の教師でも、このことをつかんだとき、真の教師としての一歩を踏み出すのである。では、子どもの内面をつかむということはどういうことだろうか。それは……

これらの中には、生涯、子どもの成長を願い、教師としてのあり方を問い続け、後輩に語りかけた清水先生の姿がある。豊田市の教育研究所は三河の中でも早くに設立された。その研究所設立当初の研究所指導主事であった清水先生は、教員が自ら学ぶようにと自主研究グループを各教科等で立ち上げる礎を作られた。ことに、清水先生の専門教科であった国語の自主研究グループを、母体とした豊田国語研究会は、国立国語研究所所長をしておられた甲斐睦朗先生のご指導を得ながら『語句に着目した読み方指導（説明的文章　小学校低・中・高、中学校　四巻）』、『言葉のおもしろ体験学習（小学校低・中・高、中学校　四巻）』をはじめ、多くの教育書を出版し、その執筆の会議などの中で教員が育てられた。

清水校長は、最後まで後ろ姿で教師としてのあるべき姿を見せておられた。夏の部活動でも校外学習でも、清水先生は自分だけ木陰に入ることは決してされず、若い教員がそういうことをしていると「子ども達と同じように行動する」ことの大切さを説かれた。清水先生の没後三〇年、熱中症対策で、豊田市では小・中全学級にエアコンが設置され、教育指導方針も変わりつつある。どんなに社会が変化しても、子どもは教員の姿を見て育つ。子どもと共に学び続ける教師であることの大切さは普遍であるという教えを改めて感じている。

〔松山美重子〕

3　特色ある教育経営をした教師

新生社会科　創成の人、岩月榮治先生

概要

岩月榮治先生は、昭和四一年に新進気鋭の校長先生として岡崎市立矢作北小学校に赴任した。矢作北小は筆者の母校で、叔父がＰＴＡの役員をしていた縁あって初めてお会いした。その頃、研究主題「確かにわかる生き生きとした学習指導」を掲げて研究発表会を開催した。この研究に際して、かつて梅園小学校教頭で仕えた後藤金好校長の社会科教育に対する考え方「事実認識・関係認識・価値認識」の認識論を踏まえた研究実践と述べている。尊敬する恩師に学び、研究の柱に仕立て、後世に伝える姿勢が感じられる。その後、岡崎市立羽根小学校、連尺小学校の校長としての一一年間が、先輩社会科教師として、仕事を通して後輩を育てる時期である。

昭和五二年三月三一日、四〇年間の教師生活を終え、翌四月一日から「新編岡崎市史編さん」事務

局長に就く。教師としての「師道」から市史作りの「史道」と傘寿記念出版、『回顧』(1)にある。教師とは全く異なる市史編さん事務局としての役割ではあるが、これまでの仕事で培われた人脈や事務局運営のマネジメント能力は大いに発揮されるところとなった。発足当初の新編岡崎市史編さん一〇年計画は、延長に延長を重ねて足掛け一七年に及ぶ。岡崎市教育委員会新編岡崎市史編さん嘱託員を解かれたのは平成四年三月三一日である。還暦時に開始した業務が古希を通り越して喜寿の年まで続き、いわゆる第二の人生の大半を注いだことになる。その業務の最後を飾ったのは『ふるさとの歴史　岡崎』(子供版岡崎市史)と考えられる。「監修　岩月榮治　元新編岡崎市史編さん委員会事務局長」と肩書にある。やはり、社会科教育の充実・発展を願って、教師の力量向上、子どもの成長・発展に尽くす「師道」全うの結果と考えられる。

教師独り立ち

岩月先生本人が八〇歳の傘寿記念にまとめた『回顧』から引用する。大正六年二月安城市里町で生まれる。父親は小学校教員で、兄弟姉妹を揃って高等教育に進められた。教育環境に恵まれた中での教師への道であった。当時は金融恐慌下の不況時代で、優秀な人材が教職に集結しており、後に、岡崎・三河の教育界をリードする多くの逸材を輩出している。学問を志す良き仲間との切磋琢磨によって、教師となる指導力や洞察力が磨かれたのであろう。

教師としての力量が発揮され始めたのは、やはり終戦後である。三河教育研究会や愛知教育文化振興会等、愛知三河地方の教育関係団体の草創期時代から関わりを持っていた。戦後の混乱期にあっては、愛知第二師範学校代用附属学校(現岡崎市立六名小学校)に勤務しながら、小学校で活用する副教材の編集・出版に携わっていた。（財）愛知教育文化振興会（現、（公財）愛知教育文化振興会）の創設によって、「社会科学習用白地図」や「修学旅行しおり」など、岡崎市社会科主任会で作成していた副教材を財団法人に譲渡し、三河地域社会科教育の充実に寄与するところとなる。

その頃、期を同じくして三河教育研究会の素地ができつつあった。昭和二五年秋に三河全域から集結した社会科教師によって、翌二六年「三河社会科教育研究会」（会員六百名）が結成され、地元岡崎出身岩月会長名で発足した。後に、各教科が統合して、昭和三六年「三河教育研究会」として発足するに至る。

岩月先生の社会科教育発展の思いの根底には、若い教師が教材開発を通して力量を高め、子どもたちへの指導が充実する流れを組織化することを願ったことであろう。その心意気は、今日の三河教育研究会の研究成果として、（公財）愛知教育文化振興会の刊行物となり、三河の各学校で活用されるようになっていく。

社会科教育研究

昭和四七・四八年度に岡崎市立羽根小学校で、三河教育研究会社会科部会が、授業研究を中心にした社会科教育研究発表会を開催している。その足掛け三年に及ぶ研究成果の一端を羽根小学校『子どもへのとびら―はねっこの記録―』（昭和五〇年三月一日発行）に、子どもに寄り添う教師の教育創造の姿をまとめている。岩月校長は、まえがきに「三か年にわたる私たちの授業研究は、結局〝子どもを知る〟というふり出しにもどった」と述べている。在籍四四名の職員と作り上げた小冊子は、「子どもを見直し、問い直し、考え直すこと」として、まず「子どもありき」を示している。研究推進の中核を担った職員は当時を振り返り、精力的に働く師の姿に感銘を受けたことを語られた。職員をねぎらい、子どもの成長を第一に願う研究姿勢は研究成果の大きな力となる。戦後の社会科教育を創造してきた自負心は、ここに大きく結集したといえる。快活で、人を生かし育てる岩月校長の人間味あふれる姿は、教師道の極みである。

『岡崎の歴史』関連三部作完成

岡崎・三河の社会科教育の充実期に、岡崎の歴史、三部作が出版された。いずれも岩月榮治編集委員長の下で編まれたものである。とりわけ『岡崎の歴史物語』は岡崎開市四五〇年記念として、岡崎市小中学校社会科部・国語部・図工美術部より総勢四三名の委員で編集された。原始時代から明治初期までの史実を選定して四五話にまとめられた。史跡の写真に地図を添えたり、当時の状況を分かりやすく絵図等に表現したりして、郷土の歴史を楽しく、親しみやすくまとめられている。初版が昭和五〇年三月、復刻版が同六二年四月に出された。岡崎市・岡崎市教育委員会の協力を得て出版され、多くの小中学校児童生徒、一般市民に読まれた歴史物語であった。本書においては、委員長自ら執筆にあたっている。「浄瑠璃姫の悲恋」(平安のおわり)と題した牛若丸と地元矢作の宿主兼高長者の娘との恋物語である。牛若丸が東国に向かう途中で滞在した折に浄瑠璃姫に出会ったという伝説に基づいている。これまでの歴史研究を生かす気合の入った一作と考えられる。

引き続いて翌年の昭和五一年三月に『岡崎の歴史』が出版された。これまでに岡崎の各地域で出版された風土記等を踏まえて、岡崎全域にまたがる原始古代から現代までの人々の生活をつづる形をとっている。編集委員の多くは前書から引き続いて執筆にあたっている。市制施行六〇周年・家康公殁三六〇年・新学制実施三〇周年という冠もついて進められた。あとがきには、既に準備が進められている新編岡崎市史への発展を願って「いつかこれを、『新岡崎市史』に活用されれば幸いである」と結んでいる。各時代の主な歴史資料を盛り込むあたりに、本書への意気込みと今後の市史への継承が伺える。

三作目の『岡崎の人物史』は、歴史シリーズの完結編にあたる。本書においても岩月榮治編集委員長のもと、総勢四〇名の編集委員を束ねて昭和五四年一月に発行された。新編岡崎市史編さん事務局長就任と重なり二足の草鞋の時期となる。編集委員のうち一〇名ほどが新編岡崎市史の調査委員を兼務しており、岡崎市小中学校社会科部の教師が広く活躍した時代であった。筆者もその一端の戦後教育の調査にかかわり、終戦後の子どもたちの置かれた時代背景と目の前の今の子どもを対比して、これからの子どもたちの在り方について思い巡らすこともしばしばあった。生きた歴史事象に触れることの意義について、子どもたちの成長に語り継ぎたい思いを強く持つことができた。

新編岡崎市史編さん事務局業務

歴史物三部作の編集委員長として、現役教師の活力高まるまま、一日の空白も無しに事務局業務に入ることになった。実際には、在職中の昭和五一年九月市史編さん検討委員長の役割を受けて、その半年後に三月に答申を出している。事務局長受諾は既に路線が敷かれており、適任の人事であったと考えられる。

市制六〇周年記念事業岡崎市史編さん事務局は昭和五二年四月一日、嘱託職員二名でスタートした。この大事業を事務局長として成し遂げることのできた要因として、戦後まもなくから新教科社会科を作り上げてきた経験が生きていると思われる。とりわけ歴史事象には強い関心を持って調査研究をまとめて数々の論文発表してきた実績を挙げることができる。またその間における小中学校教員との関わりはもちろんのこと、大学の歴史学・地理学の研究者との交流もあって、市史編さん業務の協力体制の人脈づくりができていた。市政や教育行政関係者とのパイプもあり、編集委員・調査委員を束ねることができる状況が整っていた。業務内容は多種多様ではあっても、これまでに培われた心身の健康を維持して職務を全うすることができたものと考える。『回顧』においても、小学校から師範学校卒業までの一四年、教職四〇年、そして市史編さん一七年間、「体の不調で欠席したことはない」という強靭な体力と精神力を振り返っている。好きな名言として、「先に生まれし者は後を導き、後に生まれし者は先を訪ねる」を掲げている通り、先駆者に謙虚に学び、後輩には仕事を通して育て、生かす率先垂範のリーダーであった。長年の教員生活で形成された「師」としての在り方、生き方を新編岡崎市史編さん業務においても発揮して、地道な一歩一歩踏み固めて『新編岡崎市史全二〇巻』完成となった。

市史完結を経て子供版市史刊行

昭和五二年四月当初一〇か年計画で始まった新編岡崎市史編さん事業は、諸事情で延長に延長を重ねて足掛け一七年に及ぶものになった。その間、終始して岡崎市教育委員会新編岡崎市史編さん嘱託員として事務局長の役割を果たした。

嘱託員を解かれ、普通の生活を取り戻してからも新編岡崎市史編さんにまつわる執筆活動や講話、地方史研究を休むことはなかった。郷土史研究をライフワークとして位置づけられていたのである。

その総集編が『ふるさとの歴史　岡崎』（平成二二年七月一日発行）ではないかと思われる。本書では「元新編岡崎市史編さん委員会事務局長、現岡崎市文化財保護審議会委員、愛知県史調査協力員」の肩書きで、大所高所からの監修の役割に就いている。正に生涯現役であり続けた集大成が本書ではないだろうか。原始・古代から現代まで、岡崎の歴史の諸事象をまとめて新編岡崎市史のダイジェスト版に位置付けられている。刊行のことばには「新編岡崎市史の成果をふまえて」と記載されている通り、八年前に刊行された市史全二〇巻の中から時代の流れを押さえて編集された。小中学校の子どもたちにも読めるように、ルビを多くつけて分かり易くまとめられている。本書をもとに、より詳しく調べることができるように、市史の巻番号や章・節の番号も示されている。今後も岡崎の歴史の概要を知るための地域資料として子どもも大人も活用できる一冊である。

本書に至っては、三部作が出版されて二〇年余を経ており、編集委員も一変した。編集委員長には岩月先生と編集事業に終始かかわってきたベテラン校長が就いた他は、中堅・若手教員を充てており、世代交代が順調に進んでいることが伺える。協力委員として、新編岡崎市史の調査活動に携わってきた教師の名前も明記されている。中堅・若手が着任することは、今後の岡崎の社会科教育を担うことを鑑みて、実際に社会の授業に生かすことを念じて編集したものと思われる。

岩月先生が社会科教師の指導者として蓄積された成果が本書となってまとめられた意義は大きい。『回顧』から三年余を経た八三歳においても、子どもたちのため、岡崎の未来のために、編集・発刊の代表として世に残す大役を果たしたのである。

おわりにあたり

執筆に際して、岩月家へ突然電話を入れたにもかかわらず、事情を察して家族の方が気持ちよく対応していただいた。筆者の祖母の実家の墓が岩月家と同じ所にあることから、気持ち身近に感じてはいたが、何十年ぶりのご無沙汰にもかかわらず、有難く思う次第でした。今は亡き、かつての主の在り方、生き方が今日も受け継がれて、岩月家の家風として脈々と受け継がれているのであろう。

「小さきは、小さきままに花咲きぬ、野辺の小草の安けさよ」と、傘寿を迎えた思いにある。

決して小さいとは思わないが、大仕事をなし終えた心安らかな心境が伝わってくる。　合掌

〔福應謙一〕

引用文献

（1）　岩月榮治『回顧』平成九（一九九七）年、一頁他多数。

参考文献

・岩月榮治『回顧』平成九（一九九七）年。

・岡崎の歴史物語編集委員会編『岡崎の歴史物語』昭和五〇（一九七五）年。

・岡崎の歴史編集委員会編『岡崎の歴史』昭和五一（一九七六）年。

・「岡崎の人物史」委員会編『岡崎の人物史』昭和五四（一九七九）年。

・子供版岡崎市史編集委員会編『ふるさとの歴史　岡崎』平成一二（二〇〇〇）年。

・岩月榮治『子どもへのとびら』昭和五〇（一九七五）年。

社会科の初志を貫き 全国との「架け橋」となった渥美利夫先生

上田薫を生涯の偉大な師と仰いで
――渥美利夫への教育哲学的アプローチ――

渥美利夫先生の教育の哲学的実践的背景には、上田薫の哲学と発足させた「社会科の初志をつらぬく会」(1)との深い関わりがある。日比裕（以下、敬称略）の、『戦後社会科教育史』では、次のように述べている。「戦後昭和二二（一九四七）年に新教育課程として社会科が誕生した。重松鷹泰が小学校を勝田守一が中学校を担当した。重松は社会科の根底的な目的原理は、人間性の知的側面と実践的側面との二面性について、両者の全体的、統合的発展とした。社会的経験の発展を過程原理、相互依存関係の理解を内容原理とし、問題解決学習を方法原理とした。一方で『コア連』と知識の基礎性・科学性・系統性を重視する『教科研』はこの社会科にある問題点を厳しく指摘しはじめていた。昭和二六（一九五一）年、社会科の第一次改訂が行われた。コア連を代表する梅根悟をも『経験主義社会科の完成をみる』と評する第一期改訂版社会科となった。」

こうした社会科誕生とその直後の経緯から、新城市にも社会科という教科に関わる様々な主義・主張が入り込んでいたことを想像することができる。昭和二二（一九四七）年に社会科教師として教職についた渥美利夫は、戦後新教育として生まれた社会科を学び、「社会科の初志」に惹かれていったのだった。

指導要領改訂が新たな脅威として問われている昭和二九（一九五四）年に、東郷東小へ名古屋大学から上田薫を招いたことこそが、渥美利夫と上田薫とのその後の深いつながりを育む契機となった。(2) 若き教師、渥美利夫は、手探りで社会科の動向を模索しつつほんものだと信じる道を、上田薫を偉大なる師として歩みはじめたのである。校長を歴任した学校には上田はじめ全国に活躍される先生方を招聘した。そして、「新しい民主的な社会を創造する人間は、子どもの切実な問題解決を核心とする学習によってこそ育つという考え」(3) に基づく指導のありかたを啓蒙するため、実践研究と理論的根拠の「架け橋」という大役を担ったのである。

「考える子ども」の編集委員長として

昭和三三年、社会科の初志をつらぬく会が発足し機関誌「考える子ども」の編集が開始されていた。渥美利夫は、昭和三八（一九六三）年、長坂前編集長・事務局の先生方から二八号を引継ぎ、平成一〇（一九九八）年、二四八号の編集発刊までの重責を果たした。三五年間、なんと二二一冊分を編集し全国の仲間に発信することになった。渥美自身は次のように回想している。

「朝になるとご飯をいただくように、月末になれば雑誌はつくるものと受け止め、仕事が余分なことえらいこととは少しも思ったことはなかった」と、楽しみながら編集の仕事をされている。年間七回（一月号、三月号、五月号、七月号、八月号、九月号、一一月号）の発行である。全国大会に向けて七月号にはテーマ別研究会の提案があり、八月号には実践報告が掲載される。この研究会を受けて九月号でその報告がなされている。完成させるまでの過程には、現在の教育問題（特集）の確定・連載の継続確認・実践記録をどうするか・時代の流れ・会の動向はどうするか・実践の紹介等、内容の決定がある。さらに、計画した掲載内容を頭に入れ全国集会の折に、原稿を依頼する先生の発掘に全力を注ぐことになった。恐ろしいほど強いエネルギーである。上田薫は、渥美のこうした姿を「四月から大きな学校の校長になって、初志の会の有力拠点をつくろうと闘志を燃やしているのだが、雑誌編集のほうも微動だにさせないところをみると、いよいよ奥が知れない思いである。悩み事の種類も量も人一倍あるはずだと思うのだが、強力な自制力によって積極果敢な転換がはかれるのではないかと、わたくしは思っている。柔軟にして強靭というのは彼のごときを言うのであろう」と語っている。(4) 渥美校長の元で過ごすことのできた筆者などからすれば、著名な先生方の招聘は、職員の未来を視野に入れた教師力向上へのまぎれもない心配りであった。上田の渥美論に、人としての温かみを追記しておきたい。

歴任校全てで「授業研究を軸」とした経営
―渥美利夫への教育実践的アプローチ（1）―

昭和三九（一九六四）年、大野小学校の教頭に着任した渥美は、精力的に現職教育を推進し、研究組織を立ち上げるとともに、上田薫が自らの教育的、思考的、哲学的立場にあたえた「動的相対主義」を満載した『知られざる教育』の輪読会をリードしていた。事務所へ転任した後、再び大野小の校長に着任した渥美は、地域の学び舎として伝統ある大野小《在籍期間一年間》を閉じ、昭和五二（一九七六）年、統合新設した東陽小学校長となった。ここ《二年間》では、着任早々、「人間として強い人間（強い子ども）」を理想像として掲げ、「子どものいる学校、子どものいる教室」を指導のねらいとした。そして、授業研究の中核を社会科において、全校一致の研究体制をしいて強靭な歩みを進めた。当面の課題を「みんなが話す授業。みんながしゃべる授業」とすると明言している。日比裕、田島薫、谷川彰英、霜田一敏、山田勉、長岡文雄を招き「個を生かす授業」をテーマに授業研究を軸にした学校経営に邁進し、ねらいの現実化を図ろうとしたのである。一月には、初志の会東海研究部合宿研修の検討対象として三つの授業を提案し、授業分析による検討が湯谷のホテルで行われた。（東陽小沿革誌より抜粋）

昭和五三（一九七八）年から二年間は愛知県教育委員会教職員課に勤めた。

ここで、青年期の姿にふれておきたい。昭和三四（一九五九）年、東郷東小にいた渥美は上田薫から道徳の授業実践を書くように勧められた。問題解決学習を志向する若き日の実践記録として「みかんをめぐる問題」(5)を全国に発信したのだった。「道徳の特設時間」をめぐる騒然とした教育界へ「（道徳は、）本来の社会科の学習のようなもの」ゆえに年間計画に機械的に割り振り内容を固定し、時間割通り展開していくことは不可能であると述べ、物議を醸したのだった。

昭和五五（一九八〇）年、再び校長として着任した東郷東小学校《三年間》では、「個を育てる授業」をテーマに、上田薫はじめ三枝孝弘、日比裕、市川博、影山清四郎、山田勉、長岡文雄を招聘している。「校訓の『たくましい人間』を育成する基本線の上に『社会科教育の拠点校』にすることを目標にして進むことにしたのである。」（昭和五六年度版「東郷東小研究レポート」二六号より抜粋）渥美の授業研究を軸とする学校経営は、一貫しているのである。

昭和五八（一九八三）年着任の新城小学校《四年間》では、「個の確立」をテーマに、上田薫、重松鷹泰、三枝孝弘、霜田一敏、日比裕、市川博、小川正、長岡文雄、的場正美、清水毅四郎、石川英志を何回も招聘した。柴田好章はじめ当時の院生・学生も大勢随行して来校した。

エピソード「校長としての思い」

昭和五八（一九八三）年の異動で、渥美校長に初めて会った。教職六年目だった。極小規模校から全校八百数十名の新城小六年担任を拝命。がむしゃらにやってみようと決意するばかりだった。初めての現職研修で、校長だより「考える」の配布。年度当初の学級開きの大切さ・子どもを知ることが教師としてまずなすべきことと話された。自身の今の心境に響く話だった。強烈だったのは、「子どもを生かすためには、まず子どもを知らなければならない。しかもそれは教師の都合で子どものある部分を知ると言うことではなく、その子どもの人間としての全体を知ることが必要なのである。いや一部分の把握はその背後にある個性的な全体の洞察にもとづいていなくてはならないのである。全体への洞察はいったいどうすれば可能になるのであろうか。」上田薫著『絶対からの自由』の引用である。実践者としての渥美は理論的根拠を持った学者のような人でもあると思われた。如何なる場での話も時間を厳守した。その後の四年間、毎週Ｂ４の四ミリ方眼紙に手書き資料を準備され、「子どもが主人公となりヤル気をもって、生き生きと授業を展開する」ためには、どのような教育観でどう授業構想すべきか根拠のある具体的方策を新たに提案しつつ語られるのだった。

『個を確立する授業』の研究は、その後二〇年間継続された。普段、職員室の仲間だけではみえにくいことがらも少しずつ理解できたように思われる。新城小学校の校長としてみえ、大学から多くの先生方、学生さん達を招聘されたからこそ学べたと思う。

東陽小、東郷東小、新城小からは、上田薫の教育哲学に基づく現場実践での格闘が具体的な内容をもって全国へ報告・発信し続けられることになった。

直筆の校長だより「考える」に学ぶ
—渥美利夫への教育実践的アプローチ（2）—

昭和六一（一九八六）年に黎明書房から『しゃべる授業から見守る授業へ』を発行した。新城小学校に着任して四年目の秋、渥美退職の年であった。新城小学校で現職教育の資料として用いた校長だより「考える」の内容の集大成ともいえるものと考える。「考える」は、四年間で一二〇号、三五〇頁の分厚いものとなっていた。全職員が子ども一人ひとりを見守り授業改善に向けてどのように自己変革していくのか。渥美の願う教師像を、多角的に書き続けた「考える」のあゆみから考えてみたい。

① 四月：「子どもを知る」ことこそ教育の始まりである。『女教師の記録』（平野婦美子著）のように「ちょっとした努力」で記録をとり続ける教師でありたい。作文「近ごろ変わったこと」や「カルテ」「家庭訪問」は達成するための具体的かつ実践的な方途である。積み重ねの過程での教師の気づきが子どものヤル気を育てるきっかけの発見につながるのである。

② 五月・六月：授業を変革するため、子どもの発言力に注目して考えたい。量的には「五〇％発

言」がある。教師発言対子ども発言の比率「一対四」が指針となる。質的には問題解決学習への取り組みが肝心である。しゃべりすぎの教師への警鐘・朝の会での友だちのお話に「二段式ロケット」の手法で問題解決学習の初歩的な取り組みを伝えることができる・書くことの勧め・板書・ノート指導・ひとり調べのさせ方にヒントがある。

③　七月～九月：先人の遺産として上田薫・斎藤喜博・東井義雄・長岡文雄の著書を読みたい。

④　十月～十一月：授業研究への提言、「子どもの発言の五段階（試案）」を生かしたい。考える時間や子ども自ら追究する時間の保証をし、子どもが主人公となる問題解決学習が核心となる授業を目指したい。子どものヤル気を本物にすることが肝要である。指導案の検討には「八つのチェックポイント」・教材研究・複線的授業構想や単元構想「三枚重ねの論理」を提言する。

⑤　授業の周辺的事項として学習環境のバランス・学校行事・地域行事への積極的参加等がある。

実践中に気にしたい様々な視点を示し解決策を「試案」として「考える」に提示したのである。日比裕は、学校経営ぶりをとらえて、「渥美校長はかなりワンマンであり、スタッフは大変だろうと想像するかもしれない。しかし、渥美は大きな努力を払わなければ到底できないことを要求しているのではなく、小さな努力によって実を結ぶことを要求しているといえる。そこのところが案外渥美校長の学校経営の要諦かもしれない」と述べる。「ちょっとした努力」こそ、事を成し遂げる上で重要な構えである。職員に芽生えたヤル気をさらに奮い立たせたのだった。

上田薫をも「柔軟にして強靭」と言う渥美利夫・その遺産に学ぶ

著書には、『社会科発問の基本構造』（明治図書）『社会科わかる教え方』（国土社）『交通の変遷』（国土社）『よくわかる発問・説明・助言の技術』（明治図書）『しゃべる授業から見守る授業へ』（黎明書房）他一五冊がある。論文には、「だれにでもできる社会科をめざして」（学習研究）他二三篇、「考える子ども」には二七九の小論が掲載されている。渥美利夫に学び続けたい。

〔杉浦　徹〕

注

（1）社会科の初志とは、経験主義による問題解決学習の社会科の考え方である。本質は、人間尊重にある。一九五八（昭和三三）年「社会科の初志をつらぬく会」が結成された。
（2）この時の状況は、一九五四（昭和二九）年東郷東小「学校新聞三月号」に詳しい。
（3）『しゃべる授業から見守る授業へ』黎明書房、一九八六（昭和六一）年、二七頁。
（4）二〇〇六（平成一八）年「考える子ども」三〇〇号。
（5）自伝『昭和に生きる』「昭和に生きる」刊行会、一九八七（昭和六二）年、八五頁。

はじめに子どもありき、自然・人間讃歌の教育者、名倉庸一先生

はじめに

緑豊かなこの地、西尾の平原の里の竹林では、六月初旬、ゲンジボタルが幻想的な黄緑色の光を明滅させて空高く飛び交う。その入り口に大きな石碑が建っている。そこには、名倉揮毫の「天に星　地に花　人に愛」という文字が刻まれている。これは武者小路実篤が好んだ文言であるが、名倉の人生哲学の全てが凝縮されている言葉ともいえよう。名倉はいう。「私は常日頃胸に秘めている『天に星　地に花　人に愛』ということばから、私たち一人ひとりが自然への繊細な感受性、自然への畏怖、もののあわれ、なつかしさなどといった『情』をより強く育てる必要があると思ってきた」と。(1)

生い立ち

昭和四年一二月六日、幡豆郡福地村にて、父捨太郎、母いさの長男として生まれる。祖父も、父も教育者であり、親族の中には教育関係者も多い。

愛知教育大学附属養護学校時代

昭和四六年四月、名倉は愛知教育大学附属養護学校教諭として赴任する。翌四七年、教務主任、さ

らに翌四八年教頭となる。
名倉は附属養護学校において、一つの詩と出会う。
それは二分脊椎症で肢体不自由な子の詩である。

ぼくの足はなんのためにあるの?
右足と左足がなぜわかれているの?(中略)
歩きたい　歩きたい
一ペンでいい　一歩でもいい
右足と左足のあるわけを知りたい
あくる日　死んでもいいから(2)

名倉は、この悲痛きわまりない魂の叫びに慟哭し、涙を流す。そして、障害児教育の道を模索する。彼はいう。「歩いたあくる日死ぬよりも、歩けない体で生きる価値を自分で考えよと教えねばならない。それが健常者である私たち教師や親の仕事ではないか。」(3)

だが、ふと、こうした重い障害を背負った子どもたちは、学校で措置するよりも、親の膝下で介護してもらい、それにふさわしい方策を考えるべきと思ったという。

しかし、「(学校は)親の膝下ではできないこと、冷たくいえば、他人でなければ教えられないことを掘りおこし、そしてそのことが、彼らが今後人間として生きていくうえの大きな条件整備になることを狙うべきだ」(4)と結論づける。

さらに、障害児の置かれている状況やその将来についても、冷徹に見通す。「私たち教師が、どれだけ子どもたちの変容を期待し、努力を重ねても、将来、社会就労も考えられない。まして独立自活ということには縁の遠い重度の子らは、結局は誰かに介護されつつ生涯を終えることになるだろうと予測する。しかし、少しでも内在している能力を発見し支援することによって、その能力が発揮できれば、自身の人生にとって幸せであろうと思う」(5)と結ぶ。

名倉は、障害児教育への道において、次のように説く。「障害を背負った子どもの指導でむずかしいことは、私達の経験と常識の埒外に彼らがいることを、もっと慎重に考え、行動しなければ、この子らの教育が成立しないことである。しかし、経験のない世界にどうやって教師は踏み込むのか。私は彼らの行動観察をしっかり書き留め、そこから彼らの感情の起伏や、生理的欲求を掴むしか仕方がないと考える。」(6)

それゆえ、名倉は教育実践において、記録をとることを、ことのほか重視した。名倉はいう。「記録を土台にして、対象者を見る目を指導者は養っていくことである。対象者に投げかけた課題に対して、対象者がどんな反応を示したのか、言葉のない者はどんな表情を、また表情のはっきりしない者はどんな行動を、それらをしっかり見られる眼力をもち、それを書き留め、そこから共通部分が拾いだせれば、それが成功であればその課題を押していけばよい。不成功であれば、次の課題はそれを避ければ、それだけ成功への道は半歩一歩と前進すると思う。」(7)

名倉はいう。「精神薄弱という障害は、その発生が未解決であるが、その原因は千差万別である。ならば、その状態像も千差万別であり、健常者のような平均的な発達に応じた指導育成のテーゼは、今後も明確になることはないだろう。」(8)だからこそ、この子らの指導では、記録を極度に重視するのである。

西尾市立矢田小学校時代

昭和五五年四月、名倉は西尾市立矢田小学校長として赴任する。そこで、ともみちゃんと出会う。彼女は、小人症であった。重い障害を負っているが、保育園から懸命に生きてきた子である。名倉は、幼いこの子とブランコ遊びを通して心と心をかよわせる。⑼童心に返り幼子になりきれる名倉の真骨頂である。子らと無心になって遊んだ時、そこには、人と人との間に融合が生まれ、えもいわれぬ一体感が生ずる。それは、子らとかくれんぼや手毬に興じた名僧、良寛さんの境地とも重なる。

愛知教育大学附属岡崎小学校時代

昭和五七年四月、名倉は愛知教育大学附属岡崎小学校副校長として赴任する。ここでも、背中に耐えがたい重荷を背負って懸命に生きるいろいろな子らと出会う。

名倉は、ここで、一郎と出会う。一郎は入学後、数少ない病魔におそわれた子で、二度の大手術を受け、体を動かすことなどは控えめにする生活であった。もちろん、体育は見学であり、遠足なども参加することも出来ない、つらい学校生活を送らざるを得なかった子であった。ところが、運動会当日、この子が、六年生の学級対抗リレーのD組のアンカーとして赤いたすきを袈裟懸けにし、真剣に走っているのである。そして、ゴール少し前からは、担任が、激励のためと安全を見定めるために、彼に寄り添うように走っていた。チームの成績はシンガリであったが、担任と級友は彼の勇気と精神力をしきりに称えていた。完走し終わった彼の顔に言いしれぬ笑みがいっぱいであった。担任、級友の顔にも……。そしてこの学級の保護者も、全員が涙を浮かべて、彼のこの勇気ある行動を称えていた。(10)名倉は、この一郎を取り巻く一連の動きの中に、本当の教育を見た。ここで、名倉は、ご両親の立場に思いを寄せる。「一郎の病気を知ったご両親の驚きと嘆きはいかばかりかと思う。来る日も、来る日も不安の連続であり、学校行事のたびに、友だちが皆元気に動き廻り、はしゃいでいる姿を見るにつけ、『どうしてこの子は』と寂しい思いをなさったことだろう。」(11)さらに、一郎の日々の思いを推しはかる。「一年生から、自分の病に対し、いらだちと悲嘆の中で過ごしたと思う。そして身の悲運に涙したことであろうと察する。」(12)

その上で、「この涙をのりこえ、笑顔を取り戻し、このさわやかな行為をもたらしたものはどこから来たのだろうか」(13)と問い、模索を続ける。

「一郎はこれから先も、この病を背負って生きていかなくてはならない。親としても、教師としても、一郎に代わってこの病気を背負ってやりたくとも、それができない。できないからくやしく、そして悲しいのだ。だとすると、一郎が生涯この病気を背負って、一人で生きていく力や心根を育ててやることが、親として、教師としてやってやれることではないだろうか。しかし、その支援はきびしいことであり、他者から見れば、むごい行為であり、無慈悲な仕打ちとしか見えないだろう。だから辛いのである。一郎自身が、この親のつらさや教師の悲しみを感じとり、それを知ってくれたからこそ、一郎は勇を鼓して立ち上がってくれたのだと考えたい。」(14)名倉はいう。「子どもというものは、本当に親のつらい心がわかったとき、その子はたくましく立ち上がったり、強く再生の道を歩むものである。」(15)名倉は、運動会で起こった一郎を取り巻く劇的なドラマを通して、教育の「育てる」ということの一つの秘伝をつかむのである。一つのドラマを、これほど鋭く、かつ、広範囲にわたって分析する教育者を私は知らない。本人はもとより、親、担任教師、級友、学級の保護者、それぞれの立場に思いを馳せ、緻密に、しかもイマジネーションを駆使して考察をする。ここにも、この子に学ぶ教師の研ぎ澄まされたまなざしがある。「教育はドラマだ」と高らかに吠える名倉であった。

西尾市立鶴城中学校時代

昭和六〇年四月、名倉は鶴城中学校の校長として赴任した。ある日、書棚を整理していると、昭和六〇から六三年度（十二月まで）の私の週案簿が出てきた。名倉が校長をしていた時期のものである。それらを繙くと、名倉の直筆の朱書きがある。私にとっては、この四冊の週案簿は、まさに生涯の宝である。今、考えてみても、よくぞこれだけの朱書きを書いてくださったものだと思う。この頃の職員数は約五〇名、週案簿への朱書き一つをとってみても、この仕事に信じられないほど膨大なエネルギーと心血を注いでいる。当時の職員にとって、名倉校長から朱書きがもらえるということは、他の何ものにも代えがたい喜びであった。毎週、自らの実践を吟味し、その記録を累積する。それに対して、どんな朱書きが記されてくるか、興奮と感動で胸を震わせながら、何回も読み返した。さらに、ここに記された言葉は、その時のみならず、後々までも、大きな影響を与えるものとなった。この週案簿等を通しての直接的な薫陶を受け、私は、「はじめに子どもありき、自然・人間讃歌の教育者名倉庸一」の心と情に直に触れた。それは、私の教師生活の中で、最も幸せな至高の一瞬でもあった。

例えば、週案簿に、私は「東山魁夷の世界（映像ビデオ）を見て」と題して、次のように記述した。「風景を描いて、東山魁夷氏ほど、深い精神性を表現できる画家はまれであろう。東山魁夷氏が大自然の中に透視するものは『慈悲』に満ちた『仏性』であるという。氏が『唐招提寺鑑真和上の御影堂の障壁画』の制作に取り組んだのは昭和四八年（六五歳）である。それ以後、三期十年、全身全霊を打ち込んで、昭和五六年、全七一面からなる障壁画を完成させた。それは、鑑真和上を中心にして中国と日本の大自然を融合させた至高の芸術である。私たち教師も、大いなる自然、大いなる芸術から、その深い精神性を透視できる瑞々しい感性を持ちたいものである。」

この記述に対して名倉は朱書きした。「画伯のことばに『花を一面から見るだけでなく、右にまわって描き、左にまわって描き、背後から、真上から、下から、つまり、あらゆる角度から描け、朝に、昼間に、否あらゆる時間に、雨に、風に、さらに蕾に、そして、散った後に、しおれた時に描け。描きかつ観るうちに、花は意識の深層にやきつく……。そのとき、画家は花になりきる。』と、教育の不易の原理ではないか。参考までに」と。

透徹した観察と描写、その繰り返しの中で対象である花と一体化する東山魁夷の境地に、名倉は教育の不易の原理をみたのである。そういえば、名倉の実践の土台には、常に、対象である「この子」と「彼を取り巻く周囲の人々」に対する徹底した観察と記録が存在する。自然を感受し、その中に慈悲の心を透視する姿勢は、両者に共通するものであろう。私は、この朱書き以後、東山魁夷にすっかり魅了され、画文集の収集はもとより、魁夷展・魁夷館・唐招提寺御影堂へと足を運ぶこととなった。

名倉の組織を率いる力、一人ひとりの教師や児童・生徒らの心を鷲づかみにする力、さらには校長としての求心力は、並外れていた。その源は細やかな心配り、声かけ、週案簿への朱書き等、さらには、集会・行事等での挨拶、学校新聞・教育誌等に掲載された珠玉の文章や俳句、こまめに発信される情のこもった毛筆の葉書・書簡等のなせるわざである。名倉の一挙手一投足がこの学校に所属する多くの人々を魅了した。私は、これほど多くの職員を惹きつける天与の資質を持った校長を知らない。

名倉は、自らの組織論を欅並木になぞらえて語る。「教師集団、生徒集団も全体の調和がとれたとき、見事な動きや美しさを表出するものである（中略）集団として勤務する私たちは、欅並木の如く個性的であって、しかも全体として乱れることのない姿が欲しいと思うのである。」(16)

名倉は、時には、麦わら帽子をかぶり、リヤカーを引き、校庭で汗を流す姿も垣間見せた。それは、「小柄な田舎のおじさん」そのものであった。現に、田舎のおじさんと思い、声をかけた生徒もいた。

おわりに

名倉は、この後、西尾市教育長を一二年九ヵ月務め、平成二七年一月、生涯を閉じた。（八五歳）今も、名倉邸では、毎年十一月末、彼がこよなく愛した「白侘助」が清楚に、そして可憐に咲く。

〔富田　晃〕

引用文献

（1）名倉庸一『天地人　在有情』平成一九（二〇〇七）年、九頁。（2）同、一二九頁。（3）同、一三〇頁。（4）同、一三一頁。（5）同、一三一頁。（6）同、一二六頁。（7）同、一二七頁。（8）同、一二八頁。（9）同、一三四頁。（10）同、一四〇頁。（11）同、一四〇頁。（12）同、一四二頁。（13）同、一四二頁。（14）同、一四三頁。（15）同、一四三頁。（16）同、一七頁。

注　平成五年度より「障害児教育」は「障がい児教育」、「精神薄弱」は「知的障がい」と書くようになったが、名倉氏の頃は「障害児」「薄弱」として使用されたので、本小論ではそのままにしている。

何でもできる厳しかった松井史郎先生

愛知教育大学附属岡崎小学校でご一緒した。三年間である。その印象は、よく叱られたなあ、ということである。ほとんど叱られなかったと思われる教官も、「いやあ俺も叱られた」というほどであった。というのも先生は何でもできる人だった。教科指導や学校経営はもちろん、農業、カラオケ、プロ野球解説まで、何でも来い、という教師だった。すべて知っている教師だった。学校でも暇があれば、学校園で農業をしていた。トマト栽培は得意で、時々おすそわけがあった。来客があれば、すぐ服装を替えて応対するから、客もときどき面くらうこともあった。

愛知教育大学附属岡崎小学校では副校長ということであったが、校長は愛知教育大学の教授が形式的に就任することになっていたので、事実上の校長である。

まず、先生の略歴を，見ておこう。昭和七年三重県飯南町生まれである。どうして、蒲郡に来たかよくわからない。おそらく愛知県は三重県よりも給料がよかったこと、愛知教育大学に入学したことが、大きな理由であろう。蒲郡中学校が新任校。当時の校長、松井正一に見込まれ、養子に入った。中村史郎から松井史郎になった。以後三谷中、蒲郡南部小、塩津小等に勤務する。その後八年間、愛知教育大附属岡崎小学校に勤務された。ここでは主に社会科教育を担当した。その後、竹島小学校長、私が一緒に勤務した附属岡崎小学校副校長、形原中学校校長を経て、蒲郡市教育長になられた。七年間勤務されたが、六八歳の若さでがんのために死去された。

きかんぼうであった

先生は筋の通らないこと、自分の気に入らないことに対しては、頑として突っ張る性格であった。その一つが、附属小での特殊学級（現在の特別支援学級）担任人事であった。先生はそれまで特殊学級をしたことがなかった。それなのに当時二クラスあった特殊の担任を主任の畑中貫一（一六八頁参照）とやれということであったので、先生は駄々をこねた。「俺は附属へ、特殊の勉強に来たのではない。特殊をやれというなら俺を蒲郡へ返してくれ」と啖呵をきった。藤岡教育長さんたちのとりなしでおさまったが、一時は大騒ぎであった。

しかし、その後、先生が特殊教育を重視したことは、蒲郡市の特殊学級担任の人事を見れば容易に想像がつく。当時は年配で手当てをつけ、あまり積極的でない先生を特殊の担任にする傾向があった。それを先生は是正した。若い特殊教育専門の青年教師を抜擢し、愛知教育大学附属養護学校文部教官や、県教育委員会教職員課管理主事に登用する人事を行ったほどである。

よく叱られた

三年間ご一緒したが、叱られっぱなしであった。なんとかもったのは、私よりももっと叱られた教員がいたからかもしれない。彼は、よく会議中居眠りをした。「A、出ていけ！」だった。何回この言葉をAが浴びたことか、忘れられない。

私も何回も叱られたが、研究授業の板書で失敗したことが忘れられない。私は小学二年生の担任で単元「ゆうびんやさん」を実践し公開授業をした。ところが板書がうまく書けなかった。授業後、案の定、雷が落ちた。「安井君、今日の板書を書いて持って来い。」「もう消しました。」「あんなちょっとの板書など、すぐ書けるわ」と言われてしまった。

社会科の指導案の作成でも、いやな思い出がある。まだ素案でいいだろうと、手を抜いた指導案を副校長の松井先生の机上に置いておいた。第一次原稿だったので、アウトラインだけ書いておいたのだが、それがいけなかった。それを見た先生は「なんだ、これは教生の指導案かや」と皮肉たっぷりであった。

毎年、二学期実践のまとめを一月一五日までに提出するようになっていた。ところが附属学校の教官といえども、なかなか期日までに提出できない。期限までに提出した教官は二、三人だった。そこでついに毒舌である。「論文の提出は三〇日だったかやあ?」と皮肉たっぷりであった。

教育論文を書かない理由を三〇枚書いて出せ!

大体、どこの市町の教育委員会も、冬休みを使って、教育論文の作成を課している。私などは教職についてから毎年、正月休みは論文を書いていた記憶がある。どこの学校が論文の数が多いか否か、校長も気になるが、直接担当する教務主任はもっと気になる。

松井先生は、竹島小学校長のとき、「全員出してください。出せない人は出せない理由を四〇〇字詰め原稿用紙に三〇枚書いて出して下さい」と言ったそうである。三〇枚というのは、論文の制限枚数である。論文を出すことが必ずしも教育的か否かは意見が分かれるところであるが、なかなかこういう発言はできない。先生はずばずば言う厳しい教師であった。

市内のソフトボール大会で、準優勝したことがあった。私は監督であったが、私を押しのけて自分が監督のような気で采配をした。終了後祝勝会をしようということになった。飲むことが好きではなかった二～三人がエスケープした。それが気に入らなかった。私が「S君はちょっと体調が悪いから」と言ったとたん、「注ぐれ注げるだら!」と言われてしまった。先生の前では、何を言っても負けであった。

厳しい授業研究

授業研究は先生の独壇場だった。得意だった。何の教科でも来い、という具合であった。前に述べた私の社会科の板書の例もそうであるが、ここでは二年生の算数の例を引用する。

附属岡崎小では、全職員の前で授業をする授業分析会がある。赴任三年目になると、全職員の前で授業をさせてもらえる慣習になっていた。附小にも馴れてきた附小の中堅である。その中堅B教官の授業の時のことである。たまたま講師の都合で、昼食後の五次限目が研究授業になってしまった。終末に一人の子どもが授業にあきてしまい寝てしまった。授業分析会での先生の第一声。「起こさんでよかったなあ」であった。起こしてまで受けさせるに値する授業ではなかったというわけである。担任は地方で指導主事を経験してきた算数のベテラン教師だったが、授業でへまがあれば容赦なかった。指摘が具体的で的確であったから、妙に納得がいった。厳しかったが有益な授業分析会であった。

教え子や部下を可愛がる

教え子を可愛がるエピソードを一つ。直木賞作家、宮城谷昌光は蒲郡市立三谷中時代の教え子である。国語の担当であった。先生は社会科が専門であったが、文学にも長けていた。自宅の書斎には文学全集がそろっているほどある。宮城谷の回顧によれば、作文の時間に彼の作文は生徒たちの前で絶賛されたそうである。後年、彼は述懐している。「私が作家の道にすすむようになったのは、松井先生に褒められたお蔭だ」と。児童生徒一人ひとりの肌に食い込む指導をしていたことがわかる。

次に部下を可愛がるエピソードを書こう。部下を大事にすることは人一倍であった。私の人事の例をあげる。私は附属で教務主任をしていた。地元に帰るに当たって、地元では破格の教頭として迎えるというものであった。ところが、県の規定では主任（教務主任等）を三年以上していなければ、教頭任用は難しいというものであった。したがって、私の教頭任用は無理というものであった。

ところが先生は引き下がらなかった。県の担当者に、「安井でも地元にいれば、校務主任や教務主任をしている。附属へ来てしまったので、その経験がないだけだ。附属は別だ。教職員課でそれをしっかり言ってきてほしい」と。結果は先生の主張通りになった。

校長室だよりの実践

私が最も影響を受けたのは、校長室だよりであった。先生は赴任した先々の学校で校長室だよりを実践している。「校長室だよりが発刊されれば、もうそれだけで学校経営は半ば成功したようなものだ」とよく言われる。先生は附属小では「はちかん」（附属小の住所が岡崎市六供町八貫だったから）という校長室だよりを発刊された。(1)月一回の校長室だよりを定期的に発刊している校長は少くない。多くは学校行事的なものである。週一回の校長室だよりとなると、その一〇分の一くらいだろうか。

しかし松井先生はちょっとちがう。校長室だよりが年間一〇〇枚、二〇〇枚となるのだから並ではない。しかも先生はワープロやパソコンではない。タイプ（パンライター）である。ワープロやパソコンなら、すぐ訂正できるが、先生は頑なにタイプライターを守り続けられた。原稿なしでタイプに向かって、紙面に語りかける形で文章を進められていかれる。修正液は使われない。国語力がないととてもできない。

私も校長になったら、年間一〇〇枚から二〇〇枚の校長室だよりの実践をしようと考えていた。一色南部小の「さざなみ」、鶴城小の「校長室窓から」（保護者版）「培其根」（職員版）、吉田小の「校長室窓から」「培其根」を発行した。松井先生をまねた。私は校長を四年間仰せつかったが、すべてで七八〇号を実践した。それらを年度ごとにまとめ、できるたびに先生宅をお邪魔し届けた。先生は、そのたびに喜んでくださった。

教育長室だより「六界の窓」

普通の校長なら「校長室だより」で終わるであろう。ところが、先生の場合はその後がある。つまり「教育長室だより」である。他の教育長なら、事務局に書かせておくであろうが、先生は自分でタイプを打つわけである。六年間で五二〇号の発刊である。しかもその一号が数ページに渡るから、閉口する。全五七七頁の大作である。題名は「六界の窓」とされている。教育委員会事務局が庁舎の六階にあったことと、仏教用語の「六界」の両方を掛けて、この題名がつけられたと聞いている。いずれにしろ、教育長になってからも便りを書く人は、全国広しと言えども、おそらく皆無であろう。

それらの内容は、①新任研修のための資料、②各種講演記録、③学校訪問や学校行事、④子どもの作文紹介、⑤宮城谷昌光の著書およびその他の著書に学ぶ、⑥生涯学習や生涯スポーツ、⑦釣りや土いじりに関することなどである。先生にとっては、自分の回りのことすべてが「六界の窓」の中味になっていってしまう。それだけ博学というわけである。

「教育長室だより」の最後はがんで体が侵され、書くことができなくなっていた。放射線治療でますます体力が消耗され食欲がなくなり、からだが侵されていく様子が容易に想像できる。最終号が三月一九日となっている。最終号で「まさに、重大な教育改革のさ中、皆さんと一緒に二一世紀の教育のあり様を考えていきたいと願っていたのに、それが果たされなくなりました。教育長という職にあって、何一つまともなこともできず、期待にそえなかったことを申し訳なく思っている」(2)と述べている。無念であったであろう。

なぜ温かい人間になったか

私が褒められたことはたった一回である。夜八時ごろ、附属小の会議室で家族をよんで実践のまとめを家族総出、妻と子ども三人で、紙を拾い、製本していた。夜、先生は副校長室でおそらくタイプを打ってみえたであろう。帰りしなに私たちの部屋を覗かれ声をかけてくださった。それを「温かい家族の雰囲気を醸し出した」と翌々日の「はちかん」に書いてくださった。嬉しかった。本当は温かい人間だった。

最後に、どうして先生が温かい人間になったかを想像したい。三重県の辺鄙な村に育った。高校へ行く生徒もほとんどいなかった。先生自身も高等小学校出で、農業学校の定時制高校へ行っていた。定時制を卒業すると、一年半郵便局の配達員になった。田舎では郵便局の配達員は最高の仕事であった。それでも「冬の夜道、電報の配達は怖かったし、大変であった」(3)と記している。一八キロも離れた村へ、雪の降る夜中に届けるのである。この配達という仕事で、届け先の人に会うことが、どういう人間がいい人間か、つまらない人間かということを教えてくれたに違いない。こういう苦労が、先生を人の痛みのわかる人間に育てたのではないであろうか。

「六界の窓」のあとがきの最後に、「じっくり自分の病と向かい合いながら、蒲郡の教育がまっすぐに進み、子どもたちの明日に『光』のあることを祈ってやまない」(4)と結んでいる。さぞ無念であったにちがいない。

参考・引用文献

(1) 松井史郎『はちかん』はちかん復刻の会、平成一三(二〇〇一)年。(3)同、三一九頁。

(2) 松井史郎『六界の窓』親和プリント、平成一一(一九九九)年、三一八頁。(4)同、五七八頁。

教育を愛し人を魅了するきかん坊、近藤啓七先生

のれん

二〇年くらい前になるだろうか。ある有名な「ふぐ料理」専門の料亭に立ち寄ったことがあった。ことのほか寒い日の夕暮れであった。こざっぱりしたのれんをくぐると、仲居さんが内庭のある座敷へと案内してくれた。女主人が出てきて、「本日は、ようこそお出で頂き、ありがとうございました」と、ていねいなあいさつをした。座敷の床の間に寒椿が一輪さされていた。その椿の赤い花びらが、今も鮮やかに目にしみている。老舗のたたずまいを、部屋にも、女主人や仲居さんの立ち居振る舞いにも、感じることができた。「老舗の雰囲気は、さすがだなあ」と、感じ入ったものである。

ふぐのひれ酒を生まれて初めて飲んだ。そのうまさにつられて、またたく間に一杯を飲み乾した。そこへ、女主人がふぐ料理を運んできた。のれんをくぐる前から心配していたので、女主人に、ささやくように、小さな声で、私は、「ふぐにあたって死んだ人がいるが……」と恐る恐る言った。

すると、女主人の目が輝いた。

「あなたの命より、のれんの方が、ずうっと大事ですよ。」

と、大きな声が返ってきた。私は、女主人の顔を見直したが、ことばを続けることはできなかった。女主人は、吟味された新鮮なふぐのことや、料理の仕方、使う水の量にまで触れて、人の命よりのれんの大事さを、これでもかと言わんばかりに、熱の入った語調で話し続けた。のれんに命をかけた女主人の生きていく勢いを思い知らされ、恥じ入ることしきりであった。

「あなたの命より、のれんが大事」と何度もつぶやきながら、夜の町並みを駅へと急いだ。胸を張り、誇らしげに話をした女主人を思い浮かべながら……。

私ども一人ひとりに、「のれん」があるだろうか。あるとしたら、どんな「のれん」だろうか。のれんの出来具合よりも、私どもが、のれんづくりに動き出しているかどうか。そのことがもっと肝要であると思うが、どうであろうか。

森が見えたら、そこに学校がある

平成二年、近藤啓七先生が教育長に就任された年から、刈谷市の学校緑化の推進が始まった。当時の横浜国立大学の宮脇昭教授の指導の下、市内二一の小中学校に、シイ・タブ・カシ・ケヤキ・サクラ・イチョウ・クスノキ・コナラなどが植えられた。近藤啓七教育長は言う。

「私は、常々、幼・小・中学校が緑の森で覆われ、その自然の中で、子どもたちに、様々な動植物とふれあい、その偉大さ、美しさを全身で感じ取る体験を持たせたいと考えてきた。ここで得た感動や体験が、やがて自分たちを取り巻く環境を大切にし、よりよい環境を作り出そうとする力になっていくと確信している。『刈谷で森が見えたら、そこに学校がある』を合い言葉にして」と。

平成二七年、K校長は「校長だより」に次のように書いている。「あれから二五年、それらの木々も競うように成長し、深く根を張り、大きな枝を広げている。この自然豊かな環境の下、練習にトレーニングに一生懸命に活動している生徒たちの姿がある。朝の校庭では、冷たい手に白い息を吹きかけながら竹箒で落ち葉を掃くボランティアの生徒たちの活動が、毎朝続いている。そんな大きな木々も、はじめは小さな苗木であったことを生徒たちに伝え、『自分らしい目標に向かって前進することの大切さ』を感じ取らせたい。校庭の木々も、生徒たちの成長を見守っている。」

どの小中学校も、多くの木々に囲まれ、子どもたちは、自然豊かな中で過ごしている。「刈谷で森が見えたら、そこに学校がある」と言えるようになった。啓七教育長の思いが脈々と流れている。

おまえなんか刈谷へ帰れ

平成二年の春、N子教諭は、突然の辞令で、愛教大附属養護学校に赴任した。

中学校で、教科指導や生徒指導はもちろんのこと、進路指導主事として、また、刈谷市の教科指導委員として汗を流してきた。しかし、特殊教育（特別支援教育）の経験は全くなかった。障害のある子どもたちの動きは、今までの教師経験からは理解できるものではなかった。子どもたちの考えていることが分からなかった。対応に苦慮する日々が続いた。

一学期が終わる頃、N子教諭は、近藤啓七教育長に直訴した。「刈谷へ帰らせてください。」

近藤啓七教育長は、あのギョロリとした大きな目で、N子教諭をじろりと見ながら、言った。

「おれも附属養護に勤めた時、おまえと同じことを思ったことがある。おれは、毎日、高等部の男の子のボタン掛けの指導をしていた。嫌だなあ、何でこんなことをせんといかんのだ、と毎日思っていた。ある日、しゃがんで、男の子のズボンのボタンを掛けていたらなあ、突然だぞ、『おまえなんか、刈谷へ帰れ。』とその子が言ったんだ。おれが『嫌だなあ』と思っていることが、あの子には分かっていたんだと思った途端に、俺は目が覚めた」と。

N子教諭は、初めて気がついた。「子どもがあかんのではなく、私があかんのだ。」

近藤啓七教育長は、続けて言った。「特殊教育は教育の原点だ。」

そして、あのギョロリとした大きな目を、さらにギョロリとさせて、

「附属養護がいいんだ。おまえが、附属中や附属小に行ったら、もっと嫌な女になっちまうぞ。」

と言いながら、妙にうれしそうに、ニヤリと笑った。

一番汚い所こそ、きれいにせんとあかんぞ

教育委員会の学校訪問当日のこと。新米校長のT先生は、とても緊張していた。

朝、玄関で教育委員会の皆さんを迎えたが、近藤啓七教育長の姿はなかった。神出鬼没であることは有名だったが、さてどこから登場されるのか。

しばらくすると、低学年の男の子が、近寄ってきて、校舎の隅の暗がりを指さし、「変なおじさんがいるよ。」と言った。現れたのは、近藤啓七教育長であった。

「おい、見えるとこばっかり掃除しとっちゃ、あかんぞ。人目につかない溝が、こんなに詰まっとるぞ。水の流れはなあ、一番下の一番汚い所こそ、いつもきれいにしていないと、スムーズに流れていかん。校長自ら、目立たない、一番汚い溝掃除をやらにゃいかん。学校経営も全く一緒だ。」

この言葉を聞いて、身の縮む思いであった。それ以後、学校の溝掃除には努めているが、学校経営の溝掃除はつくづく難しいと、奮闘努力のT校長であった。

職員室でお茶なんか飲んでる教員は、だめだぞ

学校訪問の日。職員室で、近藤啓七教育長が、T子教務主任に言った。

「職員室でお茶なんか飲んでる教員は、だめだぞ。」

放課だった。運動場では先生たちが子どもたちと遊んでいた。T子教務主任は、内心ほっとした。「みんな、子どもたちと遊んでいて、職員室にお茶を飲みに来る教員はいないわ。よかった」と。

後日、次の近藤啓七教育長の文を読んで、T子教務主任は、大きな誤解をしていたことを知った。

> 刈谷東中学校勤務時代の、学び方学習全国大会の日のことです。授業の後、水屋で、ある校長先生が、「近藤君、お茶を飲むなよ」と言って、去って行かれたのです。その後、「しゃべることの多い授業は喉が渇く。そんな授業はするな。教師主導の、しゃべってばかりの授業はいけません」という意味だと言うことがわかったのです。「教材研究をしなさい」ということであります。
> 「お茶を飲むなよ」という言葉は、今だに、きつく残っています。授業を見せていただくときは、すぐにその言葉が脳裏をかすめるわけです。(後略)

酒宴で

(一)　教育センター勤務の刈谷出身のM教諭は、懇親会で、近藤啓七教育長にお酌に行った。すると、あの大きな目でぎょろりとにらまれ、言われた。

「身内につがんでもいい。知らない来賓のところへお酌に行って、勉強してこい」と。

(二)　女性管理職会の懇親会を料理屋の二階で開いた。来賓の啓七教育長が憮然と一言。
「おまえたちの頭は、何のためについとるんだ。女の会なら男とは違う味を出せ。頭悪いなあ。」

翌年は、フランス料理の会にしたところ、「そういうことだ」とうれしそうに言われた。

発想は豊かでありたい、しかし、日本食の宴会に飽きていただけではないのかと、密かに思った。
(三)　校長会の懇親会で、酒の注ぎ方について、ご指導があった。
「どんな会にも、苦手な来賓や嫌な来賓がいるもんだ。どうしても、足が向かない。そのうちに宴会が終わってしまう。そういうときの秘訣はだなあ……苦手な奴や嫌な奴に、一番初めにつぎに行って、その後は好きなようにやればいいんだ。」

校長たちは、納得した。なるほど、なるほど。さて乾杯が終わって、お酌をしようとしたとき、みんな、はたと困ってしまった。啓七教育長には、一番先に注ぎに行きたいのだが……。

そんな校長たちを見て、一人ほくそ笑んでいる啓七教育長であった。

もう帰れ

平成一三年は、大学同窓会三河地区会総会で、昭和四八年卒が、勤務二八年目の永年勤続表彰をうける年であった。年次の仲間で相談の結果、表彰状受領は男性でなく、女性のS子教諭に決まった。

総会当日、表彰状を受領したS子教諭は、総会が終了するとすぐに啓七先生の病室に駆けつけた。

「先生、永年勤続の代表で、今、表彰状をいただいてきました」と、啓七先生の枕元で、くるくると巻かれた表彰状をひろげた。啓七先生は、目をわずかに動かし、ちらっと見ると、

「ほっか(そうか)。わかった。もう帰れ」と言って目をつぶった。

二週間後、小林和光先生から、S子教諭に電話があった。

「啓七が亡くなった。同級生の代表として、明日の葬儀で別れのことばを述べるんだが、あんたのことをしゃべっていいかな?」と。

「総会の後、ぼくは、すぐに啓七の病室へ行ったんだ。総会が無事に終わったことを報告しようと思ってね。あんたが帰った直後だったよ。そうしたら、あいつが、『今、S子が表彰状を見せに来た。年次の代表で女がもらったのは初めてだ』と言って、ものすごく喜んでいた」と。S子教諭には、にこりともせず、褒めることばも無く、もう帰れと告げた啓七先生は、心の中で、「よかったなあ」と言っていたのだと、初めて知った。「啓七らしいなあ」と和光先生も言われた。

啓七先生が亡くなったのは、アメリカの同時多発テロが起きた、まさにその日であった。生涯忘れられない日に亡くなったのも啓七先生らしいと思えてならない。

〔野々山里美〕

近藤啓七先生略歴

昭和　九年　刈谷に生まれる
昭和三三年　愛知学芸大学卒業
　　　　　　刈谷市立小高原小学校
昭和三四年　愛知学芸大学学芸専攻科入学
昭和四二年　刈谷市立刈谷東中学校
昭和四四年　愛知教育大学附属養護学校
昭和五一年　刈谷市立衣浦小学校教務主任
昭和五五年　愛知県教育委員会特殊教育課
昭和五八年　刈谷市立日高小学校長
昭和六〇年　愛知県教育委員会教職員課
昭和六三年　愛知県教育委員会足助教育事務所次長
平成　元年　西三河教育事務所次長
平成　二年　刈谷市教育委員会教育長
平成　八年　愛知県都市教育長協議会理事
平成一〇年　東海北陸及び全国都市教育長協議会理事
平成一三年九月一一日　午後三時三十分　逝去

造形教育への揺るぎない情熱 古橋睦典先生

今日も教室で
子どもたちが目を輝かせてつくる
胸をときめかせてつくる
自分の思いを
自分の願いを
イメージがどんどんかたちになっていく
子どもの感性が光る
たくましい創造力に驚かされる
まもなく「造形おかざきっ子展」だ

これは古橋が岡崎市小中学校図工・美術部長の職にあった平成五年度「造形おかざきっ子展実施計画書」の巻頭に寄せたものである。

「造形おかざきっ子展」の推進

「造形おかざきっ子展」は昭和三九年にオープンした。岡崎市内の幼小中学校児童・生徒、約四万五千点の造形作品を野外に展示する一大イベントである。第一回展は市の中心にある籠田公園で開催し、その後、東公園、乙川河川敷、おかざき世界子ども美術博物館、岡崎中央総合公園と会場の変遷はあるが、今日まで毎年欠かさず開催されてきた。令和二年度は五七回展を迎える。毎回、新しい企画のもと、美術教師は言うに及ばず、岡崎市全体の先生方の尽力とＰＴＡの協力を得て開催されるこの野外展は、その実績が認められ、昭和五四年度「愛知県芸術文化奨励賞」、五六年度には「第一三回中日教育賞」受賞の栄誉に輝いている。

五つの理念

「造形おかざきっ子展」を開催するにあたり、どのような野外造形展であるべきか、創設当初からその理念を明確にして、各学校に周知徹底が図られてきた。この理念は今も変わることがない。

・一時間一時間の授業の中で生まれた作品を展示する。
・市内全児童・生徒の作品を展示し、作品には校名・学年・氏名を明記したラベルをつける。
・賞をつけるといった、いわばコンクールであってはならない。
・流木・小枝・材木・竹・藁《わら》・石・粘土といった自然の素材を生かした作品でありたい。
・風雨に耐え得る作品づくりと展示の方法に配慮する。

斬新かつ独創的な作品で注目された古橋

古橋が美術教師として頭角を現したのは、新任として赴任した矢作中学校の五年目あたりからである。「造形おかざきっ子展」に出品する作品が、第三回展あたりから毎年、斬新かつ独創的であり、教師仲間で注目を集めるようになった。四三年度の第五回展では、樹皮を被ったままで、くねくねと曲がっている丸太（直径二〇センチ、長さ三・五メートル）をグループに一本ずつ与え、その自然木に鑿《のみ》と金槌《かなづち》でトーテムポールを彫らせた。樹脂系水性塗料で自由に彩色した作品一〇本を会場に並べて展示した。後日、この作品を見た市役所観光課から、岡崎公園の一角に置きたいとの依頼を受け展示されることになった。また、井田小学校勤務当時、六年生には段ボールを材料に、口がパクパクと開閉し、被って獅子舞をすることもできる獅子頭を制作させ、全作品を獅子頭の表情を生かした迫力のある展示で飾った。この作品は、教師にも、一般市民にも評判となった。

「造形おかざきっ子展」の継承と発展に大きな功績

昭和五一年度、古橋は岡崎市教育委員会から教科指導員に任命された。この年、「第一三回造形おかざきっ子展」の企画・運営面で指導的立場となった古橋が最初に着手したのが、会場のシンボルとなるテーマ塔を立てるという企画だった。翌「第一四回展」では、『ぼくらの鳥がやってきた』をテーマに、各学校が一本のロープに紙粘土に彩色、ニスがけをした鳥を取り付け、それを会場中央に設置した高さ九メートルの塔から放射状に吊り下げた。見事なテーマ塔の設置に、世話係や各学校の図工・美術主任らは大満足であった。しかし、夜来の風雨でロープに取り付けた作品がバタバタと落ちて、古橋は各学校に向けての指導の至らなさを痛感したのだった。

岡本太郎を招く

昭和五八年度当時、岡崎市教育委員会指導主事であった古橋は、図工・美術世話係会で「造形おかざきっ子展二〇周年」の記念事業として、「岡本太郎を招聘し、同時に、子どもをモチーフにした氏の作品を会場に展示してはどうか」と切り出した。この大胆な提案に一同は、「そんなことが可能か。勿論、岡本太郎が来てくれればすごいことだが…」と驚いた。

「どうしたら岡本太郎が来てくれるか」、古橋はその方策を考えた。子どもたちの作品と、会場の展示風景が掲載されている図録『十周年記念誌』、二十周年の実施計画書。それに五三年十二月に刊行

岡本太郎と古橋睦典

された『美育文化』（その雑誌の冒頭に古橋が執筆した「造形おかざきっ子展」の概要が五ページにわたって掲載されている）。これらの資料を添えて、岡本太郎先生にぜひ岡崎に来て子どもたちの作品を見ていただきたいと、切なる願いを手紙に託して送った。

なぜ岡本太郎なのか

古橋が岡本太郎を招きたいという提案の根拠は、次の三点に要約できる。

・岡本太郎の芸術は既成概念にとらわれず、自由奔放で独創的、まさに自己表現そのものである。これは、子どもの表現にも通じるものである。

・昭和五四年の大阪万博「太陽の塔」で、小中学生にも知名度が高い。

・岡本太郎の造形は遊び心に満ちている。また、氏は縄文式土器、土偶など原始の美に強烈な感動を受けている。木・竹・藁・土・石といった自然の素材を生かし、自由で個性に満ちた子どもの造形を高く評価するにちがいない。

岡本太郎と子どもたち　後方の作品は岡本太郎作『午後の日』

「ピカソも太郎もかなわねえ」

昭和五八年十一月三日、「造形おかざきっ子展」二〇周年記念式典が殿橋下流の乙川河川敷の会場で行われた。古橋は式典の始まる前に太郎と秘書の平野敏子さんを案内し、太郎の感性に訴えそうな作品に気を配って会場を一巡した。太郎は足を止めては、「すごい！」「これはピカソだ！」と両手を広げて、つぶやいたり、わめいたりした。鋭い眼光は常に作品に向けられていた。太郎の感動は、式典の挨拶で爆発した。

おかざきっ子展を見た。本当に驚いた。『あっ、これはピカソも岡本太郎もかなわねえな』と思う作品がブアーと飾ってあった。

子どもは、他人の目なんか気にしていない。実に自由で、無邪気で、創造的だ。

だから、すごいものができるんだ。ほんとうに感動したなあ。岡崎へ来てうれしかった。

子ども美術館の発想

古橋が教科指導員として、各小学校への指導員訪問のおり、全職員の場で欠かさず話をしたのは、資料や作品を使っての「児童画の見方と指導の方法」であった。子どもの絵は子どもしか描くことができない。それは子どもの絵の魅力であり、価値でもあると。

古橋は児童画に対するこうした確固たる信念を持っている。二〇世紀の巨匠、マティスの「子どものように絵を描きたい」、という有名な言葉に基づく信念である。

小学校では、ほとんどの教科は担任が教える。図工の授業で、子どもが目を輝かせ、心を躍らせて描画に取り組むか否かは担任の指導にかかっている。そこで古橋は、市の図工・美術部として、すぐれた児童画を収集し、必要に応じて、先生方に参考作品として授業で使ってもらえるように貸し出すシステムを考えた。いわば、児童画ライブラリーである。さらに、すぐれた子どもの作品を常時展示し、貸し出しも可能な「子ども美術館があったら」という思いが募った。この思いこそ、後の「おかざき世界子ども美術博物館」誕生の源流である。子どもの美術館があったらという夢は、美術教師の仲間で賛同を得るとともに、次々といろいろな現実的なアイデアも加わって、より具体的にイメージ化されてきた。それが、市当局を動かし、一時はその頃、建設計画があった多目的施設「竜美丘会館」の中に、子ども美術館を置く構想に発展したこともあった。

「おかざき世界子ども美術博物館」の誕生

昭和五四年頃、愛知県が「地域文化広場」構想を打ち出した。県が一〇億円、設置する市が一〇億円を負担して、地域文化のシンボルとなる施設をつくるという計画である。この計画に岡崎市が選ばれた。市当局がどんな施設を創るべきかと検討を重ねる中で、当時の鈴村正弘教育長の提言もあって、子ども美術館を創ることに決まった。「おかざき世界子ども美術博物館」である。この名称は古橋の提案である。

「おかざき世界子ども美術博物館」設立の計画が具体的になったのは、五六年である。古橋は週二日、岡崎市教育委員会学校教育課に出向して、浅井浚一と開設の準備に当たった。主な役割は、作品の収集や展示、さらに子どもたちがつくって楽しむ「造形コーナー」の内容に関する企画と準備であった。

世界には国や民族によって多様な児童画がある。古橋はまず、世界各国の児童画をできる限り多く集めたいと思った。東京・渋谷にあったユネスコ美術連盟の関係施設の協力を得て、開館までには百三か国の児童画の収集をすることができた。これで、館の名称に「世界」と入れた面目が立った。さらに、古橋は国内外の画家・文学者・スポーツ選手など著名人の子どもの頃の作品も収集・展示したいという企画を提案していた。

待ちに待ったオープンは昭和六〇年五月四日。記念式典に岡本太郎を招聘し、盛大に行われた。企画、準備に尽力してきた古橋にとって、感慨一入であった。古橋の造形教育に対する夢や願いが結実した瞬間でもあった。

古橋の自宅応接間には、

「古人の跡を求めず　古人の求めたるところを求めよ」（芭蕉）の掛軸が常時掛けてある。

美術教育に関わる略歴

・昭和三六年三月　愛知学芸大学美術教室（絵画）卒業
・昭和五一年四月　岡崎市教科指導員（図工・美術）
・　　　　十二月　教育誌『美育文化』に「造形おかざきっ子展の概要」を掲載
・昭和五六年度　「おかざき世界子ども美術博物館」の設立準備担当
・昭和五八年　「二十周年記念造形おかざきっ子展」に岡本太郎の招聘を提案し実現
・昭和六〇年七月　教育誌『総合教育技術』に「岡崎の造形教育、その理念と実践」を掲載
・平成五年　岡崎市現職教育委員会図工・美術部長。同委員会図工・美術部の編集委員長として『岡崎の美術教育―その歩みと業績―』を出版

〔鴨下宣彦〕

4　子どもに親しまれた教師

情熱とチャレンジ心にあふれた高橋渡先生

いつも前向き

大正一五年幡豆郡室場村（現西尾市室町）に生まれ、西尾町立西野町国民学校を皮切りに昭和二八年から西尾市立三和小学校に三〇年間勤め、昭和六一年三月に西尾市立花ノ木小学校を最後に退職。新任時代を思い出された先生の貴重な記録がある。

「戦争が厳しくなった頃、兵隊さんが三〇人ほど来て、畳を敷いた裁縫室で約半年ほど寝泊まりした。茶畑の斜面に小さな兵舎を作るためである。朝夕、兵隊さんを廊下や校庭で見かけるので子どもたちは仲間になった。空襲警報のサイレンが鳴ると防空壕に避難した。一つの大きさが幅一m、高さ一m、長さ五mほど、上に木の枝をのせ、その上に土がかぶせてあった。その中に一クラス五〇～六〇人が入った。押し合いながら何だかみんな楽しそうだった。

運動場がないので運動会はお寺の釈迦堂を回ってみんな走る釈迦堂運動会だった。校庭では、春は蕎麦を作り花が咲くと白い校庭になった。夏はさつまいもで校庭は緑色になった。終戦になると中央土間に意見箱を作り、子どもたちの希望や意見をよく聞いて学校で生かした。物の面では極度に不足し乏しい時代だったが、心の面では明るくて希望がありピンピンはじけるような子どもたちばかりだった。」(1) 辛い時代に悲壮感がなく、困っても何かができると常に前向きだった先生の生き方を随所に感じることができる。

令和元年七月のはじめ、わが家のマキの木に着生している二株のフウランの花が満開になった。何年か前、先生からいただいたまさに「形見」である。可憐な白い花の甘い香りに包まれると、昭和三二年から三四年にかけて、小学校五年生と六年生を担任していただいた時の楽しかった日々が走馬灯のように思い出され、在りし日の先生の姿が浮かんでくる。この頃は新たな時代の幕開けとなるようなできごとがたくさんあった。人類初の人工衛星スプートニク一号の打ち上げ、電車特急の誕生、インスタントラーメンの新発売、長嶋選手の入団、東京タワーの完成など、先生の最新の話にわくわくしながら夢を膨らませていた。小学校高学年だったその二年間は、人としての在り方や教師の道を歩もうとする者が原点にして目ざしていきたい貴重な体験がいくつもいくつも積み重ねられていた。

子どもたち総動員の日食観測

その中の一つに、昭和三三年四月一九日の「できごと」がある。前日の一八日に、その内容が毎日新聞で次のように取り上げられていた。

「日本で見られる今世紀最後の『金環食』は、いよいよ明日にせまった。我々に最も身近な天体である月と太陽が限りない大空をステージに繰り広げる『きょう宴』は、専門家にとっても一般の人にとっても見逃すことのできないチャンス。めったに見られない現象なので、天文、太陽電波、地磁気、電離層などの各分野にわたって大規模な学術観測が行われる。今度の金環食は北海道礼文島以来、まる十年ぶり。次に見られるのは二〇一二年ごろだという。」

土曜日だった「その日」、三和小学校六年二組の子どもたちは、ドキドキわくわくしながら、まずは空を見上げて朝を迎えていた。天気は晴れ。前日までの心配を吹き飛ばすような絶好の日和だった。担任の高橋先生の指導の下、四四人の子どもたちが総動員で日食観測の準備をして世紀のできごとを待っていた。その時の細かい貴重な記録が、昭和三三年九月発刊の「実験と観察の記録第一集」(2)の中で「日食の観測」として紹介されている。決して恵まれた環境ではなかった六〇年以上も前のアナログ時代に、まさに手作りで取り組んだ観測の体制や子どもたちの活動の様子をうかがい知ることができる。すでに薄茶色に変色しているガリ版刷り誌面には、特徴のある青色文字や先生独特の手書きイラストがはっきりと残っており、その日の雰囲気が次々とよみがえってくる。三時間半に及び刻々と変化していく天体ショーの貴重な記録である。のちに報告されていた天文年鑑の内容と比べても決して見劣りしないもので、あらためて先生の細かい指導力に驚くばかりである。

「十年ぶりの大きな日食だと聞いたので、私たちは学校にある観測の器具を最大限使って、できるだけ細かい観測をすることにした。時間係、日食目測係、天体望遠鏡係、写真係、風向係、風速係、湿度係、気温係、地表温係、地下三〇㎝地温係、地下一〇㎝地温係、地下五㎝地温係をつくった。それぞれ三、四人で係を受け持ち、五分毎に測定した。時計係が一分前と伝達すると、みんなは目盛りを一斉に見つめる。次にブザーがなると目盛を読み取る。読み取った数をグラフに書き折れ線を引き終わると、またすぐ観測一分前の伝達が聞こえてくる。クラス全員が約三時間半の間、測定器の目盛とグラフにくぎづけである。自由時間のほとんどない観測中の昼食については、みんなで話し合ったとおり、にぎりめしを持ってくることにしていた。そのにぎりめしをかじりながら観測したことを思い出すととっても楽しくなる。

望遠鏡係は、微動ねじから手を十秒も離していると太陽は望遠鏡から逃げていく。一度逃がしてしまうと次につかまえるのに一、二分かかってしまう。だからこの係は、望遠鏡の左右ねじと上下ねじから手を離さないで最後まで太陽を追い続けていた。自分の観測していること以外に、他のようすも知りたいのだが、これをしようとすると大変である。時間係は宿直室前、望遠鏡・日食係は運動場、百葉箱・地温は校舎を一つ隔てた中庭である。七〇m～一〇〇mも離れている。その間を走りながら他の観測のようすを見て回る。校舎のスズカケノキの間からもれる日ざしが、どれもみな三日月のようにに見えた。画用紙を針でついて穴をあけ、下の影を見るとこれも三日月のようだった。針穴写真機の原理が大変よくわかった。日食の様子を調べる班の結果によると、日食は午前一一時二三分に太陽の右下から始まり、最大は午後一時一二分。太陽と月が一番重なった八八％の日食はほんの三秒くらいで、あっというまに右が欠けていたのが左に移ってしまった。月が左上に抜けきって、丸い太陽にもどったのは午後二時五四分だった。目測で太陽を見るためにススをつけたガラスを用意したがよくはげるので、赤や青のセロハンでもやってみたが輝いてしまってあまりよくなかった。雲は始めはほとんどなかった。しかし、日食が最大になるころから下の方を雲が走るようになり、たちまち八〇％

程の雲量になった。風は毎秒二mくらいにおとろえていた。観測中寒くなったことを思い出し、気温の変化を調べてみると一・五℃しか下がっていない。ところが二三℃あった地表温が一五℃にもなっていた。寒く感じたのは気温ではなく地表面の温度の影響だと言えそうである。ほかに気圧や風向は、この日の天気図と合わせて研究していきたい。このような大きな日食は何十年も後だということだが、その時には今回のことを思い出し道具を持ち出して観測をしていると思う。」

前日、当日の気象情報も決して十分ではなかった。観測に使う器材や道具も限られていた。子どもたちは六年生に進級直後、四四人が広い運動場でぶっつけ本番の観測活動。しかし、事前準備がしっかりできていて不安だったことは天気だけ、心配なことがあったという話は聞いていない。今思えば、先生の手づくり活動がすべてそうであったことからも容易にうなづけることである。それから六〇年以上が経過し、新聞で予告のあった二〇一二年の五月、今回はあふれる情報の下で日食観測に臨んだ。小学校の運動場での観測体験が生きることになった。米寿が近づいてこられた先生もあの時の「できごと」を思い出されながら欠けていく太陽を追われた。長い年月が過ぎ、観測場所が違っていても、再び「世紀の瞬間」を共有することができ、感動は格別なものになった。

創意工夫に満ちた日常

先生は理科の指導を得意にしておられ、授業の楽しさはどの分野にも共通していた。理科準備室の清掃が割り当てられていた私たちにはもう一つの楽しみがあり、清掃当番になることが待ち遠しかった。それは、先生手づくりの教材教具がいつも準備室の机の上に置かれていて、そばに近寄って見ることができたことだった。先生がそれとなく仕かけておられたのだろうか、先生のありのままの姿だったのだろうか。今日も何かあるかなあ、これは何だろう、やってみたい、試してみたい、自分も作れないかなあといつも夢はふくらんでいた。テレビがまだ普及していない時代、伝わって来る情報の内容も量も少なく、瞬時を競うようなスピードや手段もない。また明日とか来月になったらという気の長い「時のものさし」が当たり前の日常の中で、理科準備室の中の空気は違っていた。電磁石づくりやモーターづくりは、模型の電車づくりにまで発展していくことになった。ヒントは常に準備室の中にあり、先生のアドバイスは大きな刺激になった。考えて工夫をすることの楽しさをしっかり体験することができた。

三和小学校の文集「なかよし」の第一号に私が挑戦した白熱電球を使った幻灯機づくりの記録が載っている。

「雑誌に幻灯機作りという図面があったので夏休みに作った。ボール紙、えんぴつ、けしゴム、ものさし、はさみ、ナイフなどを用意した。図面は三、四時間で書いた。悪いところはないか細かく調べ、まちがいがないように苦心して切り取った。図面どおりしくんで色をつけるまでに四日もかかった。友だちにも手伝ってもらって完成。ところが画面がはっきりしない。」

この段階で先生にも見てもらっていろいろ直し、試写会をくりかえして完成。まさに先生の後ろ姿から学んで取り組んだ一つの事例である。先生は、作り上げるまでの順序、材料、そのときどきの考えなどがくわしく書かれ、ものを作り上げるのに作者がたいへん熱心であったと評価してくださっている。この記録を読むと、アドバイスをしていただいた時の先生の優しい表情がいくつも浮かんでくる。

子どもたちへの愛情は変わることなく

西尾市の小学校で退職まで担任を通された先生の日々の姿の一部が、岡田和幸先生著「第四・折り折りの記」(3)の中で紹介されている。

「私は高橋先生のいらっしゃった学校に赴任した。教員としてのスタート時点で、指導案や授業技術、研究や私生活まで懇切な指導をいただき、山登りにも何度か連れていってもらった。先生はいつも何かを考え実行している先生だった。一人でこつこつと校舎の修理をされたり、剪定やペンキ塗りもされたりしていた。その先生が縁あって私の学校に転任してこられた。運動会の前日、土曜日の午後のことだった。雨が強く降ってきたので準備もできず、私が持参した弁当を一緒に食べた。雑談をしながら先生は袋からドングリを取り出し、ひごを刺しては独楽を作っておられた。理科の教具を上手に工夫して作られる先生だったので、『何か教材を作るんですか』と聞くと『運動会の帰りに一個ずつほうびをやろうと思ってね。道楽だよ』と笑っておられた。それが自分の組だけでなく、一年生全員、一一六個を作られる。器用にドングリに穴を開けて、ひごを刺しては回して確かめる。私も手伝ったが子どもへの愛情がなくてはできない。私は思わず『高橋先生、参りました』と言った。心からそう思った。先生は理科の先生として、草花、樹木、天文、気象、昆虫、小鳥、何でも知っておられる。尋ねれば、すぐに調べてくださる先生だった。『プラスワンの魅力』というのは、先生のように子どもへの限りない愛情、子どもの喜ぶ顔を自分の笑顔と重ねて、次々とアイディアを浮かべ実行していく、そういう人が持っている。」

私が子どものころからずっと変わっておられない先生らしさが伝わってくる内容である。

先生が子どもたちに贈られた最後のことばは「すくすく育て―木の種子は芽を出し、若木のうちによく育つとあとは自然と大木になれる。人もよく似たところがある。子どものうちに、努力して心や体を育てておくことが大切です」だった。ある日、ご自宅の庭先で、小学生のお孫さんが育てていた花のことを嬉しそうに話されながら、たくさんの思い出を作られた学校生活を鮮明に振り返られた。担任として「朝一番、誰もいない教室に、今日も一日よろしくお願いしますと一礼して入る」ことを続けられた先生。いつも抹茶をたてて迎えていただき、お互いに姿が見えなくなるまで見送っていただいた先生。人として教師として、その生き方は生涯揺らぐことはなく、いつまでも学び続けたいことばかりである。

〔浅岡文雄〕

引用文献

（1）　西尾市立西野町小学校編『西野町小の想い出』平成二（一九九〇）年、九〇頁。
（2）　西尾市教育委員会・同教育研究会編『実験と観察の記録第一集』昭和三三（一九五八）年。
（3）　岡田和幸『第四・折り折りの記』平成二（一九九〇）年、七七～七八頁。

参考文献

・山本威一郎『天文教育』平成二四（二〇一二）年。
・西尾市立三和小学校編『文集なかよし』昭和三三（一九五八）年。

豊橋の大村はま、山田はる子先生

大学の同級生で小学校長もしていた藤城美里子に聞いた。「あなたの尊敬している豊橋市内の女性の先生を紹介してください」と。即座に語ってくれたのが、山田はる子先生である。もちろん私は面識もない。ただ、私の姉と同じ年（昭和二年生まれ）ということで、親しみを感じた。私の姉も代用教員あがりの小学校教師だった。戦争中に女学校時代を送り、戦後すぐに教師になったわけであるが、その苦難の道は容易に想像がつく。姉から当時のことをよく聞いていたからである。

不遇な幼少期・学生時代

さて、山田先生は幼少期から学生時代まで不遇であった。家も貧乏だったし、時代が時代だったからである。小学校時代は大変であった。豊橋市内に住んでいたが、父親は事業に失敗し、職を失い、母は近所の工場へ通い、四人の兄弟とともにひっそりと暮らしていた。そんな中で、長男、次男が病死。父親は働く意欲を失い、半病人。生活は貧窮のどん底。やむなく生活保護を受けることになった。母を助けるために内職もした。上級学級への進学などとても考えられなかった。そんな中で母が校長に相談してくれた。当時の豊橋市立新川小学校長、星野弥助が特待生試験を受験することを勧めてくださり、女学校に見事パスした。教科書も校長先生のプレゼントだった。その後、先生のお骨折りで、師範学校へ行く道も切り開かれた。ただでさえ上級学校へ行くのは大変な時期に、師範学校への進学を援助されたのである。(1)

大村はまをめざして

学制改革で新制中学校が設立された。国民学校からの異動である。当然担当は国語、作文教育に熱を入れた。国語教育で知られた大村はまをめざした。新制中学校創設以来一八年間中学校教師であった。中堅時代になると、斎藤喜博や東井義雄に心酔したが、「大村はま国語教室」の実践に多くを学んだ。

ともすると、今と違って、女性教諭は中学校には不向きだからいらない、という時代であった。養護教諭や家庭科はよしとしても、他の教科は男性をほしがる校長が多かった。事実、私の学んだ吉良町（現西尾市）立吉田中学校では、音楽と家庭科のみ（養護教諭はいなかった）が女性教諭だった。とかく中学校で務まる女教師は男性的な高飛車な女性がよしとされた。しかし、山田先生は違っていた。生徒たちにていねいな言葉で語りかけ、温かく接した。

二〇代から三〇代にかけて『新潮』『群像』などを毎月購読し、市内在住の詩人、丸山薫愛知大学教授の詩作の会同人となり、詩も書いた。国語教師はまず自分自身が書かないといけないと思ったからである。生徒の作文ノートには、いつも手紙式の朱筆をいれた。大村はま張りである。「国語教師は子どもに作文を書かせるだけでなく、自分も大いに文章を書くべきである」(2)という信条があった。国語教育に熱心な教師ということが豊橋市内に響き渡った。国語の研究会には必ず参加し、得たものを取り入れ、教壇に生かすように心がけた。

「みかわの子」紅一点の編集委員に

三河地方には伝統的な作文教育があり、学校ごとに、地域ごとに文集がある。「みかわの子」がその代表的な文集である。年一回の発行である。この文集に自分の担当のクラスの子どもの作文を載せるのが国語教師の登竜門であった。山田先生も毎年のように作文を送り込んだ。自分だけでなく、市内の先生方にも作文教育に力を入れるように要請した。「作文教育の改善をめざして」という論文を発表し、市内の教員の教育熱を高めた。

「みかわの子」に作文を提出する市郡は、一八市郡があった。その編集委員は一八の市郡から選ばれた委員がなることになっていた。責任があり、大作業であっただけに、どの市郡も男性ばかりであった。最近は女性の進出や登用はさして珍しいことではないが、当時、余り女性は登用されなかった。当時の集まった小・中地域別代表者の女性はたった一人、山田先生だけで紅一点であった。

心の花をさかせたい

山田先生は花ときれいな言葉が好きである。実物の花が好きである。学校中、花いっぱいにしようと花いっぱい運動を推進した。花は実物だけの花だけではいけない。心の花を大切にしたいというのが先生の願いである。心の花を咲かせる。それには教師はどうあったらいいか。

「心の花」とは相手の心情を思いやる心であり、人間尊重の精神である。したがって子どもを抑圧したり威嚇したりする姿勢があってはならない。そこからは決して「心の花」は育たないからである。

「心の花」は先ず環境である。環境の最も大きなものは教師である。教師が子どもを愛するていねいな言葉で子どもたちに接していけば、自ずから心豊かな子どもになっていくというのが先生の考え方である。

役職になるまで二〇年間、先生はすべて中学校で勤務した。荒れた中学校の時代もあったに違いない。しかし、先生は強い言葉づかいはしなかった。作文を通し、子どもと教師の心のつながりを重視した教科経営や学級経営をしたに違いない。女性教諭で永年、中学校で勤務した教師は少ない。それだけ力があったと見るべきであろう。生徒から見て魅力があったからであろう。それを校長、管理職、保護者も見抜いていたのであろう。中学校の女性教諭というと、とかく男性のように元気よく、男顔負けに勝負するといった教師の多い中で、山田先生はていねいな言葉づかいで、自然や花を大切にした挨拶やことばかけをする女性らしい教師だった。

学校と地域ぐるみの読書教育

「心の花」を咲かせる具体的方策の一つが読書教育である。先生は親子読書、朝の読書、図書館教育、作文・国語教育に力を入れた。学校・地域ぐるみの読書教育である。

① 読書の時間を日課表に位置づけた。一五分読書である。
② 大活躍の学級文庫。各クラスに学級文庫棚を設け、常に新しい本が回ってくるようにした。
③ 読書を励ますあの手この手を考える。　・読書星取り表
④ 毎年行う読書まつり、本を読みましょう運動。　・読書発表会　・読書郵便
⑤ 親子文庫と親子読書会。　・開設場所……校区八カ所 (3)

など読書を核にした学校経営である。しかも地域を巻き込んでの読書指導である。これらは当然全

国レベルで認められ、昭和五八年度学校図書館賞を受賞した。

小さな教育論

山田先生は、市内の先生方に市内の学校のこぼれ話等を、編集に携わっていた「教育委員会だより」に載せていた。毎月一回である。印象に残ったものを三点紹介する。

① 君、人の子の師であるならば（第五号）

「『年末になれば、あなたは日記か手帳をお買いのことと思います。教育手帳というものもありますね。お買いになりましたら、まず三月までの自分の受け持ちの子の誕生日をその日記に記録しましょう。四月になったら、新しい受け持ちの子の誕生日を忘れずに記録しましょう。』これは国分一太郎著『君人の子の師であるならば』（一九五五年初版　新評論）の書き出しである。一人ひとりの命、かけがえのないものとして大事にする人間教師国分一太郎さんの心に学ぼう。戦後の民主主義教育の象徴であり、いつまでも大切にしておきたい精神である。」(4)

国分一太郎は無着成恭とともに、戦後の作文教育で活躍した小学校教師である。子どもを愛する国分には、学ぶべき点が多い。私たちは口では一人ひとりを大切にといいながら、具体的にどうするか。手帳に誕生日を書くという行為をすることだと言う。私は自分の子ですらあやふやで妻から叱られている。五〇年たって本当に「人の子の師であったか」と問われれば、「?」がつく。残念である。これからの教師にぜひ実践してほしい事柄である。

② 感涙教師（第一〇号）

「クラスの中でただ一人、教師の話を聞こうともせず、外ばかり見つめている子がいた。教師は強くその子を叱った。その子は下を向いて泣いた。実は、その日、両親が別れることになり、その子を連れに来ることになっている母を待っていたのであった。教師は子どもをとらえているつもりでも、その子の悲しみや悩みを、本当にとらえていないことがあるものである。せめて、子どもの目の高さで子どもをみつめ、具体的な言葉や行動で心を伝えてやらねばならぬ。」(5)

私たちは学習指導案を書くとき、初めに「子どもをとらえる」ということを書く。しかし実際は「子どもをとらえる」ということがいかに難しいことかということが前の記事をみてもわかる。子どもの悲しみや悩みとなるともっと深刻である。教師は研ぎ澄まされた観察力や洞察力でこれらを見つけ、対処していかなければならない。

③　謙虚さで心を開く（第三五号）

「こがらしが身にしみる夕刻であった。盗みを働いた少年の指導に就いて、担任からの要請で母親に会うことになった校長は、事件の内容をよく確かめたうえ、静まり返った校長室で母親の来訪を待っていた。やがて、小さなノックと共に打ちひしがれた様子の母親が入ってきた。校長はすぐ椅子をすすめ自分もやおら対座して『おかあさんこんな嫌なことで学校へ来てもらってどんなにか足が重かったでしょう。ようおいでくださいました。有り難うございます。』と声を掛けた。すると、母親の目から涙があふれた。それから二人は本音で話し合ったのだ。

これは、ある学校の生徒指導主任から聞いた話である。近頃、どちらかというと相手の弱点をののしり、批判ばかりする傾向が見られる。教師や親にもありはしないか。特に教師はもう少し謙虚さをもって、親からいろいろなことを聞かせてもらうことが望ましい。親と教師が子どもの問題を共に考

え、指導するという心が根底になければならない。」(6)

私自身も中学校の教師時代の生徒指導の思い出はいっぱいある。父兄召喚をした事例も多い。喫煙、万引きの場合は保護者を召喚することになっていた。「父母が仕事でいそがしい。学校へ来られない」と言ってスポイルされたこともあるし、親が来て、担任や学校の悪口をさんざん言われて閉口した思い出もある。保護者は学校へ来るのはいやだというのが正直な気持ちである。前に見られるような校長でありたいものである。私がどうであったかと問われれば、まだまだ不十分であったと言わざるを得ない。心したいものである。

精一杯一筋の道を歩き続けた

「戦後の混乱激動期、頬を紅潮させ大きな夢を描きつつ教師になって以来四二年、私なりに精一杯一筋の道を歩き続けた。——中略——顧みるに、青年教師だったころは、映画学習でみた『白雪先生と子供たち』に感動し、自分もまた白雪先生のようになろうと思い、小豆島を背景にした『二十四の瞳』を訪ねたものだった。私にとって教職は全力を投じて悔いのない貴い仕事であり、生きがいのある一筋の道であった。」(7)

「賢く、精一杯、常に前向きに、そして与えられた寿命が尽きる日まで。絶えずさまざまな物事に深く感動し、何かに没頭していきたい。これ以外に、人生の成功と呼べるものはないであろう。」(A・ベネットのことば)(8)は山田先生の好きなことばである。

山田先生にとって教職は、全力投球をして悔いない尊い仕事であり、生きがいのある一筋の道であった。その長い道程で、子どもたちから「おねえちゃん」「おはるさん」「はる子先生」などと呼ばれ、お互いにふれ合い、語り合い共に学び合うことに充実感を覚え、ひたすら情熱を燃やし続けた。

私には一面識もない山田先生であった。『心の花をさかせたい』を何回も読んだ。なんかお姉さん先生というイメージが私の中に沸いた。女性らしい女性校長であった。叱るのではなく、花を愛すると共に、心の花を咲かせるべく、きれいな言葉で、女性らしい言葉と行いで子どもを指導する。「心の花」とは相手の心情を思いやる人間尊重の精神である。そんな山田先生であった。誠実な四二年間であった。女性教師の鑑である。

参考・引用文献

（1）山田はる子『心の花を咲かせたい』門土社総合出版、平成元（一九八九）年、一五六頁。（2）同、一五七頁。（3）同、二三九頁。（4）同、一三頁。（5）同、一九頁。（6）同、四〇頁。（7）同、二八八頁。（8）同、二八四頁。

ほんとうの教育者、神谷孝子先生

「ほんとうの教育者は?」と問われ、まず、私が真っ先に思い浮かべたのは、神谷孝子先生である。校長や教頭はもちろん、教務主任や校務主任もなされなかった。子ども一すじの先生であった。私は、若い頃、先生と吉良町立(現西尾市立)吉田小学校で同学年(五・六年)をご一緒させていただいた。

二人でやると、ともすると競争意識が出てうまくいかないこともままあるのだが、私は嫌な思いをしたことが一度もなかった。いい思い出ばかりである。先日も取材でご長男(曜義君)と面談してきたが、私からの手紙を病床で、涙を流して読んでいらっしゃったとのことであった。二五年も前のことである。

いつも私を見守ってくださり、私が教頭や校長に転任するたびにお祝いに来てくださった。平成九年に七二歳の若さで亡くなった。ガンに気をつけていて、一日野菜何グラムと計量して食していらしたが、胃がんで倒れた。

女医へのあこがれ

孝子先生は、もともと教育者の家に育った。八人兄弟の五番目である。父親は、一色町内で私立幼稚園を経営していたが、借財が多く、経営は苦しかったという。二・三番目の姉は父を助けて一緒に保母や教諭をしていた。孝子先生は戦争中であったが、自分の憧れがあった。女医である。家が貧しかったので、推薦で奨学金を得て、東京の女子医専に入学する予定になっていたが、専門学校は空襲で焼け、入学の夢は消えてしまった。

昭和二〇年前後に学校（師範学校や大学等）を卒業された方々は、大なり小なり、いや大いに戦争の影響を受けた。このことは我々後輩は当時の学生のことを胆に命じていなければならないであろう。勉強と縁のない生活を送られたということを。

勉強はよくできたはずである。昭和一七年愛知県立西尾高等女学校四年生の級長は現代詩人茨木（本名・宮崎）のり子であった。二人は級長と副級長という間柄で、仲がよかった。茨木のり子の実家は吉良町（現西尾市）吉田にあり、東京から帰郷すると、二人は必ず会っていたという。茨木は父親の勧めで理系（薬学）へ進んだ。孝子先生も医学へ進みたいと願っていた。しかし、本当は二人とも文学が好きだったのかもしれない。なぜなら二人とも、後には詩人と俳人になったのであるから。

不遇な結婚のスタート

神谷孝子先生ほど結婚のスタートが不遇な教師もいないであろう。なぜなら結婚してすぐ台風一三号の直撃を受けたのである。昭和二八年のことである。一三号台風は愛知県を直撃した。結婚式は五月、台風は九月二五日である。夫となった小学校教師神谷辰雄の実家のそばに小さいながら家も新築された。一色の町のほとんどが海抜ゼロメートルである。先生の住む幡豆郡一色町（現西尾市一色町）松木島は海抜ゼロメートル地帯である。台風で海岸線の堤防が切れたため、結婚に際して用意した箪笥等家財道具はすべて流された。学校も一ヵ月余り休校であった。当時孝子先生は、隣町の吉田町立吉田小学校の二年二組の担任をしていた。真面目な孝子先生は、夏休みの絵日記の宿題を家に持ってきて添削していた。それらもすべて流されてしまった。

天災である。子どもには申し訳ないが、仕方がないというよりほかない。先生は四〇人いる子どもの家を、一軒一軒回り、鉛筆とノートをもって配りながら、親御さんに詫びたのである。この一つをみても孝子先生がいかに誠実な教師であるかがわかるであろう。

叩くなら先生を辞めよ!

私の尊敬する鈴木敏校長（六五頁参照）は、孝子先生と同一校にいた。昭和二二年ごろの話である。一色中部国民学校（現一色中部小学校）である。敏校長は前に述べたように師範学校で級長を務めたほどの秀才で、人格者である。軍隊も経験している。敗戦直後の祖国復興を悲願としていた中で、「お前たちがしっかりしなければ」という指導意識があり、叩かぬ日はなかったと印象づけられたほど、小学校五年生の子どもに厳しく対してきた。

ところが、孝子先生は手を挙げることはまったくなかった。のちに、敏先生は同僚の孝子先生に「なぜ手を挙げないのか?」と聞いた。教師になる時、「手を挙げなければ指導できないようでは、教師の資格がない」と、父親に言われたという。孝子先生は父親のことばを忘れなかったのである。

お父さんはこの地方で初めて幼稚園を作り、自ら園長をしていた牧野堯である。牧野堯は尊敬していた人物がいた。フレーベル（ドイツの教育学者、幼児教育の祖）の研究家で日本初の幼稚園を開いた関信三である。父親は東京女子師範学校（現お茶の水女子大学）に日本初の幼稚園を開いたこの関信三に心酔し、一色町に幼稚園を開いたのである。このような父親であったからこそ、子どもを叩くようなら、先生を辞めよという指導があったのであろう。

話がうまい

お父さんの話のうまいのは定評があった。今でも録音された園長講話等が残っているが、子どもが聞き入ってしまうほど、話がうまかった。孝子先生も話がうまかったが、父親の影響からであろう。

話がうまいということも立派な教師の条件である。子どもたちを話の中の虜にしてしまうのである。例えば、転任時の挨拶である。普通の教師ならば、「五年前に来て、あっという間に過ぎました・・・」と言う言い方になるであろう。ところが先生は「今、前列に並んでいる六年二組の級長、牧文敏君が、家の前で飴をぺろぺろなめている頃に、この学校に来ました。あっという間に、十年が過ぎました。……」と言う風である。

授業がうまい

子どもへの話しかけも上手かったが、授業も分かりやすい、ていねいな授業で、子どもたちがどんどん進めていってしまうほどであった。子どもを掌中に収めたような授業であった。参観した一年生の算数の授業がまだ頭に残っている。すでに四五年前の授業であるが、小学一年生の子どもが、黒板の前へ出てきて、教具を操作し、誰にでもわかる説明をしたのである。子どもが活動し、しかもクラス全員が納得をした授業であった。私は後に、授業の名人が集まる愛知教育大学附属岡崎小学校へ赴任したが、孝子先生のようなうまい授業をみることができなかった。

授業と学級崩壊は相関が深い。孝子先生は転勤してすぐ、学級崩壊状態の四年生のクラスを受け持った。先生が受け持って一ヵ月でそれが見事に治った。やはり担任の力だなあと、同僚も保護者も納得した。地道な指導力は他の者の追随を許さなかった。学級崩壊は、いろいろな理由があろうが、基本的には、分かる授業がなされるようになれば、必然的になくなっていくように思われる。

学芸会をすると、担任の先生の力量がすぐわかる。孝子先生の学芸会指導はまた絶品であった。一年生の子がミカンをむく場面があった。その仕草は未だに忘れることができないほどである。名古屋の御園座や名鉄ホールへ行って観劇し、その技術を身につけていかれた。学芸会同様、授業については、同僚や他校の研究会に出かけては、授業の質を高めていかれた。とにかく授業がうまかった。しつけも上手だった。幡豆郡（現西尾市）の初任者研修の模範授業はいつも孝子先生であった。

先生にとって忘れられないAさんとB君

永年、教師生活をしていると、どうしても忘れられない子どもが一人や二人いるものである。Aさんは小学校三年生で、ある子どもがおもらしをした。その時の友だちである。一般的には、おしっこをした子が、皆の前で恥をかいて終わりと言うことになるわけであるが、Aさんのとっさの行動と発言はちょっと異なっていた。その発言と行動が、逆に、その場の雰囲気を温かいものにした。ことなきをえたのであるわけであるが、孝子先生は「Aさんには教えられた」といつも言っていたという。その発言と行動はいわれなかったが、私が想像するには、「躓いて花瓶を落とした」という内容だったと思われる。息子さんの話である。

もう一人はB君である。休み時間に遊んでいて、偶然ものを投げた。それが友だちの目に当たった。子どもも親御さんも担任も謝りにいったが、なかなか許してもらえなかった。その時に、相手側が「保証人を出せ」と言ってきた。孝子先生は何も言わず即座に保証人になった。

その後、友だちの目は好転しなかった。保証人の役割は相当強いものになった。それだけに、B君は、無条件で保証人になってくれた孝子先生に感謝しているのである。おそらく六〇年は経っているであろう。孝子先生が亡くなるまで、盆と暮れには必ず、担任の孝子先生宅を訪れ、感謝の挨拶に来たのである。責任感のある孝子先生であることの証である。

教育ははかない仕事だが……

子どもを非常に可愛がった先生でもあった。可愛がることは当たり前のことであるが、なかなかできないことである。先生はお祭りのときなど、クラスの子どもを交替で呼んで、御馳走した。戦後、恵まれない子どもも多くいたからである。

父親は、幼稚園長でありながら、地域の不良だとか、ぐれている少年も面倒をみた方であったから、それも父親譲りかもしれない。園長で借金も多かったのに、金の工面ができない保護者からは、取り立てることはしなかった。父親はそういう人だった。孝子先生自身も、給料はすべて借金返済のため、家に入れていた。自分の小遣いは自分で工面する生活だった。

とにかく教え子を可愛がった。教え子の一人である吉田のHさんは、学校卒業後も、特別可愛がった。いつまでも教え子を可愛がってみえたわけだ。ところが、この記事の取材のために伺った折のことである。七四歳のHさんは、神谷先生の記憶はほとんどないとおっしゃった。痴呆のせいかとも思ったが、そうではないらしい。教育とはこのようにはかないものである。

斎藤喜博のことばを思い出した。斎藤は「教育は無力であり、教師の仕事ははかない孤独な仕事である。」「そのはかない無力であることを知った時、はじめて教師としての強い厳しい仕事がはじまる」(1)と述べている。厳しいことばを思い出した。子どもたちはすぐ教師のことなど、忘れてしまうはかない仕事かもしれない。それだからこそ、森信三のいう「教育とは流水に文字を書くような果かない業である。だがそれを巌壁に刻むような真剣さで取り組まねばならぬ」(2)のである。

最期の叫び——子どもの心に論文を書け

私とは一八歳違っていたが、常に私のことを思って行動をとってくださった。私が、学校を変わるたびに自宅を訪問して、祝ってくださった。それに比べて、私は非礼であった。それでも数回、お礼の手紙を書いたことがあった。最後は入院中であった。曜義君の話によると、私の最後の手紙を読んで、涙していたという。

一緒にいた頃は、冬休みの課題で、教育論文を競って書いたものである。私はほとんど入選はしなかったが、孝子先生は、「学級経営」や「書写指導」でいい論文を書いて入選された。しかし、先生の最期の言葉は意外であった。

私にくださった最後の手紙が忘れられない。「教育論文は原稿用紙に書くのではなく、子どもの心に書くものです」と。「子どもの心に論文を書け」が、孝子先生のこころの叫びであったような気がしてならない。つまり、子ども一人ひとりにいい思い出を持たせてあげなさい、と言うことである。

理想の女教師

神谷孝子先生についてみてきたが、神谷先生はごくありふれた先生でもある。しかし、私はこの先生こそ、本当の教育者であると考えている。

斎藤喜博の「よい教師の条件」に、①頭のよい先生　②育ちのよい先生　③美人の先生、がある。これらを神谷先生と並べて考えると、実によく当てはまる。①は機転がきくことである。②は温かく伸び伸びと温かい心である。③は内面からにじみ出てくるやさしさや面倒見がいいことである。(1)また、ある学校の教師訓がある。①子どもに親しまれよ。②親にうやまわれよ。③同僚に愛されよ。④校長に信ぜられよ。(3)これらも神谷孝子先生にぴったりである。

退職後は俳句とボランティアに力を入れられた。地方新聞の俳句欄にはいつも入選された句が掲載されていた。

しゃぼん玉見事超えたる鬼瓦

子どもの心豊かな成長を願った句である。元教師らしい子どもの句が多い。先生は早く亡くなられた。先生にお会いできなくなってから、先生の素晴らしさが再認識されてきた。こういう教師ばかりだと、日本の教育は安泰であるのだが。先生に報いることなく、教職生活を終わることになったのが唯一残念なことである。

参考文献

（1）斎藤喜博『私の教師論』麦書房、昭和三〇（一九五五）年。
（2）森信三『生を教育に求めて』阪神印刷、昭和五三（一九七八）年。
（3）小原国芳「教育実習ノート」玉川学園小学部、平成五（一九九三）年。

誰をも魅了するお洒落なリーダー、山本哲子先生

はじめに――「のりこ先生」

昭和五〇年後半、豊川市立西部中学校には「のりこ」という名の女性教師が五人いた。典子・範子・規子・紀子・哲子。「のりこ」という名が多い時代だったが、よくもまあこんなに集まったものだ。けれども、生徒の間でも、職員室でも、「のりこ先生」と言えば、他の誰でもない山本哲子先生だった。それは、西部中学校にとどまらず、市内どこの学校でも、「のりこ先生」は山本哲子先生のことで、市外から電話がかかる時も、同様であった。

哲子先生は、三河教育研究会の夏季研究集会や、三河各地の研究発表会で、助言者や講師を務めることが多かった。上品な服装と優しい笑顔で、参会者にも分かりやすく語りかける姿は、ステージの上でひときわ輝いて見えた。知的で、お洒落で、誰もが憧れる存在、それが哲子先生だった。

哲子先生が亡くなった後、後輩の女性教師が集まると、しばしば先生の思い出話になることがあった。多くの人が口にしたのは、「私、暇だから」という哲子先生の言葉であった。育児で時間が足りずに困っていると、哲子先生が「私が一番暇そうだから……」と、助け船を出してくれたと言うのである。何かの提案だったり、市教委への報告だったり、講師の先生の接待や手土産の準備だったり、

さりげなく仕事を引き受けてくれるのだった。けれども、誰もが知っていた。自分たちより哲子先生の方が何倍も多くの仕事を持っていて、家庭も学校も一人で切り盛りしていることを……。哲子先生は、決して「忙しい」を口実にしなかった。哲子先生に助けてもらった女性教師は、哲子先生のように「暇だから」とは言えなかったが、哲子先生の姿勢に学び、仕事と家庭を両立させて、その後多くの学校で活躍していた。

国語サークル・形成の会

「自分の時間とお金で勉強してこそ本物」というのが信条だった豊川市小中学校国語研究サークル。毎月例会がもたれ、教科書の教材研究や、子どもの作文や詩の作品研究を中心に活動していた。文学散歩や講演会なども計画され、機関紙『ほのはら』は年三回発行されていた。哲子先生は昭和五八年度から二年間サークルの代表を務めた。それ以前もずっと『ほのはら』の編集に当たっていた。正確なデータがあるわけではないが、私の知る限りでは、生涯出席率は、おそらく哲子先生がトップだろう。例会にはいつも哲子先生の姿があった。しかも、ときどき、美味しいパンや、お菓子を持参しての参加であった。そんな哲子先生だが、若い頃、サークルに参加するにはこんな苦労があったようだ。

しきいが低くなるまで

深夜まで激論が続いて、先に帰るとは言い出せず、じっと先輩の話をきいていたかなり昔のサークル。作品研究や一読総合法、たいなあ詩など、もろもろの話題をひっさげたサークルをさぼろうものなら、おいてけぼりをくいそうな不安から、かなり無理して出席。主婦業とサークルがどうもかみ合わなくて、夜もふけると、時計の一刻みごとに、しきいが一センチずつ高くなっていくような気の重さ。いろいろ悪戦苦闘したけれど、サークルの重みが実証してくれたのか、このごろは、当然のような顔をして家を出てきます。（1）

竹本三郎先生や山本彰一先生をリーダーに、充実した内容と活気があった国語サークルで、きらきらと目を輝かせている哲子先生の姿が彷彿される。

一年に一度、各地区に回ってきた「形成の会」例会にも、必ず哲子先生の姿があった。自身も提案されている。また、後輩が提案をする際の検討会にも必ず出席して、アドバイスをしてくれた。後になって思うのは、いつも周りの若い教師を会に誘って、面倒をみてくださったということだ。哲子先生はとても「お誘い上手」だった。さわやかに、魅力的に、「ねえ、一緒に参加してみない……」と、誘ってくれる。哲子先生の誘いがなかったら、三河各地の先生方と知り合うこともなかっただろうと、後輩たちはみんな感謝している。

作文指導

形成の会の特別研究「三河児童文章作品史」の中心メンバーとして、幾度も提案をしている。次に引用したのは、「三河児童文章史としての研究」で、豊川の中学二年生の作文「日焼けした母」の分析を『形成』に執筆した時の抜粋である。ただ単に作品を考察するだけでなく、自分の実践も紹介しながら、作品の持っている価値に言及している。

> 四年前、三年生の作文指導で、「父の仕事」を題材に書かせたことがある。生活現実に根ざした認識を育てたいと、「父の仕事」をきちんと理解させ、社会的経済情勢が、具体的なところでどう「父の仕事」とかかわっているか、自分はそれに対しどう考えているかをじっくり書かせようと取り組んだ。しかし、中三の生徒でさえ、父の仕事に対し、あまりにも無関心であることに驚いた。父母の労働を、自分の生活と切り離したところで考えているので、仕事の内容も、それに伴う種々の問題も、心労も、彼らにとっては無関係であるといったとらえ方をしているのであった。（中略）こんな時代だからこそ、私は「父の仕事」を、とことん父につきまとって取材させて書かせたかった。根掘り葉ほり聞きださせ、自分の体で、父の仕事を具体的に実感させたかったのである。こんなことを、一度や二度したからといって、すべてをきちんと認識できるようになるとは思われなかった。しかし、こういう作文を体あたりで書かせたとき、彼らの目のうろこが一枚でもはげおち、認識をそこから変容させてくれたらと考えた。今の子どもたちは、目のあたりに、父や母の働く姿の具体をみることが少ない。それだけに、こうした指導が必要だと考えた。(2)

作文指導は、中学三年生といえども、日々の授業の中に組み込まれ、大切な人間形成の素材として丁寧にプロセスを踏んで指導しなければならないというのが、哲子先生の基本姿勢だった。

国語の授業の中で作文指導を……と訴える哲子先生は、市内の作文の審査会で、夏休みの宿題そのままの作品が出されるのを、大変悲しがっていた。同じ学校に勤務していた時、時間数が足りなくて哲子先生に相談すると、せめてその子が書く作文の題材を決めさせ、できれば一次作文を書くとか、構成を考えさせるとか、根本になる部分だけは、授業の中で指導するようにと助言された。

三河教育研究会が「作文の友」「作文の本」の発刊に期待したのも、国語の授業の中で、作文（書くことの指導）が系統的になされることであった。創刊に当たって、哲子先生は加藤勤先生と共に、中学三年生を担当した。より効果的にこのテキストが使用されるように、哲子先生のセンスを生かしたテキスト作りがなされている。その中に、「感動を短いことばで表そう」というコーナーがある。そこに載せられた生徒作品は、哲子先生の指導されたものである。子どもたちの新鮮な感動を見事に引き出していた。「深い内容も楽しく学ぶ」哲子先生の魅力がそこにもあった。

中学生の主張

豊川市が中学生の主張を始めたのは、昭和五一年である。豊川のビジョンリサーチの後援をうけて、冊子が作られた。開催に向けて中心となって働いたのが、哲子先生だった。

それから十年余り経過して、ビジョンリサーチから後援を引きたいとの打診があった。哲子先生と二名の担当者が話し合いに臨んだ。哲子先生は、「後援はなくなっても私たちはこの大会を続けます。私たちはお金を出していただいているからこの大会をやっているのではありません。冊子は手作りでやれます」と、きっぱりと後援を断られた。たまたま同席していた私は、豊川の顔とでもいうべき社長さん方に向かって、一歩も臆することなく言い切られる哲子先生を、なんと潔い人なのだろうと、大姉御を見るような思いで眺めた。哲子先生は続けた。「生徒全員が、自分の周りのことに目を向け、問題に思ったことなどを、自分の考えをまとめるために原稿を書き、それをクラスメートの前で発表する。クラス全員がその発表を真剣に受け止めて、採点する。そうして選ばれたクラスの代表が学年のみんなの前で発表して、学年の代表を決める。その代表が市の大会に出て行く。その過程に意義があるのです。底辺は生徒全員なのです。代表だけが原稿を書いて、大会に出ているのではないのです。」情熱的で、歯切れの良い説明だった。

「一年に一度くらい、真面目に意見を言ってみたら？」と、哲子先生のにこやかな励ましを受けて、当時ラッパズボンのツッパリ君が、「進んで挨拶をしましょう……」などと、照れくさそうに発表している姿が今でも思い出される。

思いやりのある指導　「あぶり出しの指導案」

哲子先生が亡くなって五ヵ月後、『ほのはら』「哲子先生追悼号」が出された。そこに書かれた若い女教師の文章を紹介する。

天王小で研究発表会を迎えた日、哲子先生からお手紙が届きました。「あれから五年、あぶり出しの指導案から、少しは成長したでしょうか。その成長ぶりを見にいきます。……」私の初めての研究授業のことです。指導案に何を書けばいいのかわからず、何も思いつかないままブロックでの検討会を迎えることになりました。私の指導案をご覧になった哲子先生は一言、「これって、あぶり出し？」それは、題材名と枠以外ほとんど何も書かれていないものでした。哲子先生は、何も書いていないことについて、それ以上はおっしゃられませんでした。「みんなや私の考えでなくて、自分のやりたいことをやらなくてはだめよ。授業するのは自分だから」そういって、私の考えがまとまるまで、何日もつき合ってくださいました。（3）

いくつかの研究発表会や提案の機会を経て、教師は学び、成長していく。「あぶり出しの指導案」と言われた教師は、一生このような思いやりのある指導を忘れないだろう。また、一緒にいた仲間も、この指導が心に強く残っていると聞いた。

誰をも魅了する人

哲子先生は学校教育以外でも、豊川市の中心となって活躍していた。その一つが、当時一年に五回開催されていた「豊川市民大学」である。講師係は、講師への連絡から、駅への出迎え、食事、講演会会場での接待など、決め細やかな配慮をしなければならない。新しく講師係になった人には、哲子先生からサンプルが届く。ご本人や事務所への手紙、確認しておきたいこと等々、自分が書いたものを全て見せて教えてくれる。「手本を見せての指導」これは、他の場面でも同じだった。

市民大学で、もう一つ特筆すべきことがある。毎回「市民大学メモ」といって、A４一枚の印刷物が配られる。参会者が「メモ」を読んで、その講師の人となりを理解できるように書かれた文章だ。これも哲子先生の担当だった。それを書くためには、その講師の執筆した書物を読まなければならない。出演している番組があれば見たりして、今話題に上がっていることを熟知しておく必要がある。哲子先生は、決められた時間の中で、年間の講師五人分を一人で書いていた。講師は作家ばかりではない。学者がいたり、音楽家がいたり、多岐にわたっている。その人を、的をはずさず紹介し、しかも講演を聴く楽しみが倍増するように紹介文を書く。どれだけの読書量、知識と教養、そして文章力。計り知れない哲子先生のパワーに驚くばかりだった。しかし、そんな大変さはみじんも感じさせずに、哲子先生の文章は、さらりと、スマートに仕上がっている。講演にきた五木寛之さんや渡辺淳一さんは、この「メモ」を読んで、その作者が自分を出迎えてくれたお洒落な美しい女性だと知って、逆に、哲子先生の大ファンになってしまい、その後も著書を贈ってきたそうだ。

思春期の生徒たちも、後輩や同僚も、地域の人たちも、また著名人さえも、全ての人を魅了する哲子先生であった。

〔石田範子〕

略歴

昭和三三年九月　豊川市立牛久保小
昭和三六年四月～　東部中、南部中、西部中
昭和五五年四月　教科指導員
昭和五八年四月　天王小・校務主任
昭和六一年四月　天王小・教頭
平成二年四月　東部小・校長
平成四年四月　牛久保小・校長
平成七年三月　退職

参考引用文献

（1）豊川市小中学校国語研究サークル機関誌『ほのはら』三〇号、昭和五四（一九七九）年。
（2）形成の会機関誌『形成』四〇号「特集1　三河児童文章史としての作品研究1」昭和六一（一九八六）年、三一頁。
（3）機関誌『ほのはら』七八号「山本哲子先生追悼号」平成九（一九九七）年。

5　自分の信念を貫いた教師

恵まれない子に手をさしのべた畑中貫一先生

畑中先生は名古屋市出身である。県下には二つの師範学校があった。名古屋と岡崎である。一般的に言えば、名古屋市の学生は名古屋の師範学校に入るのが順当であろうが、先生は岡崎へ入学した。旧制愛知一中の受験に失敗したからであろうか。家は寺院である。名古屋市の金山橋近くにあった。お寺の跡取りのひとり息子である。しかし、その息子が寺を嫌い、教員になるというから檀家の人たちは怒った。先生は檀家の人に「坊主は死んだ人を弔うが、俺は生きている子どもを弔うんだ。」と言ったから、檀家の人々も黙ってしまった。

先生の歩んだ道

大学時代、親からは勘当状態で、寺に入れなかった。住む所がなかったから、愛知県宝飯郡御津町

（現豊川市）にあった戦争孤児の収容施設「海の家」で管理人の手伝いをしながら大学へ通った。

大学を卒業すると、知多半島のへき地、師崎小学校へ赴任。そして再び大学の学芸専攻科を修了すると、附属岡崎小学校へ大学推薦で奉職した。三年後に特殊学級（特別支援学級）担当、大学附属特別支援学校の基礎をつくった。その後、ビルマ日本人学校、岡崎葵中学校、吉良吉田小、岡崎美合小、県教育センターを終えてから、最後四年間、岡崎常盤中学校長を歴任。定年後は岡崎のハートピア（適応指導教室）で五年間、不登校児童生徒、家庭内暴力を起こす生徒たちの相談にのってきた。

このように見てくると、先生は常に社会の底辺で恵まれない子どもに視点を当ててきたように思う。それは自分自身が、小さい頃からお寺の長男として育ち、そういう恵まれない子どもたちを大切にしていこうという考えが育まれたのではないであろうか。

気の荒い漁師村で活躍

しかも、それぞれの学校での活躍は人並み外れたものであった。新卒で赴任した愛知県南知多町の師崎小学校は、今でこそ漁業を核として産業も栄えているが、当時は寒村で気性も荒く、教育には無縁の地域であった。先生は大学学生自治会のリーダーをしていたこともあり、県教育委員会に睨まれ、へき地送りになったと本人から聞いている。しかし、先生は毅然としていた。実家が名古屋ということもあり、修学旅行用の学生服を親からの依頼を受けて、名古屋へ買いに行くなど、親からの信頼は抜群であった。

師崎は漁業の村であった。伊勢湾が三重県漁協と愛知県漁協との草刈り場となる。漁場の奪い合いである。漁師たちの気は荒い。どうしても伊勢湾を挟んで、三重県側と争いも出てくる。そんななかで三重県の漁師青年団と師崎の漁師青年団の交流を推し進めた。これなどは教師の範疇にない事柄である。そんなことのできる器量の大きな人間であった。

教員住宅が燃えた!

師崎小学校で二年目を迎え、六年生の担任をすることになっていた。その矢先、先生の教員住宅が全焼した。原因がわからなかった。漏電か放火か、警察は思いあぐねていた。警察は「犯人に思いあたるふしはないか、なければお前を逮捕する」と迫ったが、その時の答えがまたふるっていた。「もし言えと言われたのなら、犯人はお前たちだ(警察)」と。官憲当局は、先生が大学生のとき、学生自治会役員をしていたので、先生をマークしていた。同僚の女教諭に「弟がマルクスやエンゲルスを勉強したいと言っているので、その本を貸してください」と言われ貸したが、その本の中に何かよからぬことが書かれている紙がはさんでないか、探っていたのである。

住む所がなくなった畑中夫妻、長男は路頭に迷った。それを見た住民・保護者は全員が立ち上がった。みんなで家を新築した。いかに先生が校区民から愛されていたかが理解できる。

たゆまぬ向上心

先生は四年で師崎小学校を辞した。理由は、愛知学芸大学に学芸専攻科が設立されたからである。専攻科というのは今の大学院の一年課程のようなものである。教育学や心理学を学ぶところであった。学部時代、教育学教室のリーダーだっただけに、教育学教室の教授たちは喜んだ。先生は安藤五郎、田中茂一、山本正一、伊藤四三九、森田清、木全勝美らであった。山本正一が指導教官であった。修了論文は社会教育であった。

専攻科を修了すると、当時、名古屋大学の教育学部から大学院一名の推薦枠があった。すでに二人の子どもがいたので、先生は行きたかったが、それを友人に譲った。彼は本来なら旧帝大の名古屋大学で学びたかったに違いないが、それはあきらめた。修了と同時に愛知学芸大学附属岡崎小学校の文部教官になった。大学の推薦である。他の教官はすべて各市郡の推薦で勤務することになっていたが、先生だけ異なっていた。これがその後の先生の人生を左右した。一二年の附属小学校勤務後、降りる学校がなかった。地域推薦でなかったからである。

特殊教育への指向

昭和四〇年前後、当時の教育実習は主免実習と副免実習があり、主免実習は三年次に三週間であった。ここで初めて私は教育実習生として先生にお会いした。特殊教育担当で、専門領域（異常児心理学など）のことを実によく知っていらっしゃるなあという印象であった。小学校の教師で大学の先生以上のことを勉強していらっしゃるようであった。小学校の教師でも、あれほど研究する分野があるのかと開眼させられた。

当時の附属学校に、養護学校はまだなかった。その後、一年してから附属養護学校が設立されたが、その基礎をつくったのが、附属小の特殊学級主任の畑中先生であったわけである。当時の教育界はまだ特殊教育への認識が浅く、普通学級の持てない、力のない、年輩の教師が受け持つといった風潮があった。しかし、先生は前に見たように特殊教育を学問的に大学の先生とともに研究していた。それだからこそ、愛知教育大学附属養護学校が設立されたのであろう。先生にとって障がい児はほっておけない対象であったに違いない。

初めてラーメンを食べた

教育実習では、研究授業が中心であった。指導案は社会科専門の畑中先生に見ていただいた。自宅が遠いこともあって、「安井君、指導案を見てあげるで、泊まっていけよ」と言われたので、気軽に受けた。風呂も沸かしてくださり、翌朝はラーメンを出してくださった。私の年老いた母親はラーメンなど知る由もなかったので、初めて食べるラーメンだった。卵とネギを入れて出してくださった。「君も現場に入ったら、後輩たちにこうしてやるだよ」と指導を受けた。

これを機に実習終了後も、ときどきご家庭を訪問し、学問や人生についてご指導を願った。不思議と先生のお宅を訪問すると、俄然やる気が出てきた。先生のお宅は借家であったが、蔵書でいっぱいだった。専門の教育学はもちろん心理学から宗教学まで何でもそろっていた。訪問すると必ず二〜三冊は借りてきた。その頃、私は教師になるか、僧職の道に進むか迷っていたので、先生のアドバイスによって教師の道を進むことになった。

ミャンマーの空にこいのぼり

今でこそ、海外日本人学校や補習校は世界に百くらいあって、行きたい人はいっぱいいるが、昭和四〇年前後は海とも山ともわからない日本人学校など、行き手は少なかった。特に附属学校の教官は、日本人学校に行くと責任者である校長となることから、希望する教官はいなかった。しかし、子どもは日本人である。日本語で勉強したい子どもたちのために先生は決意された。

附属学校から土産として何を持っていきたいかと聞かれ、先生はこいのぼりと餅つきの石臼を依頼した。ビルマ（現ミャンマー）の空にこいのぼりをあげる。第二次世界大戦時、日本がビルマの人たちに迷惑をかけたことからも、ビルマとの親善友好の意味もあったように思われる。在留邦人も当時、一五〇人くらいいた。それらの方々に正月用の餅をついて配るのである。そのための石臼（岡崎は御影石の産地）である。米を蒸す竈も、土と泥で先生の自作であった。

ただ単なる教員だけの仕事ではない。日本人会全体を考えた行動である。後進国の税関はお金を握らせないとうまく機能しないのが一般的である。そのために先生は、自分の特技を生かして奉仕で柔道の指導をするために税関に出かけられた。税関にコネをつけたのである。そのために日本人の荷物はスムーズに入手することができた。先生は外交官に負けないくらい教員以外の仕事もされた。

私はここで一年間、親代わりのような指導を受けた。なぜなら、一年後、私もビルマ日本人学校派遣講師の採用試験を受け採用されたからだ。現在は現職の教員が採用されているが、当時は愛知教育大学の卒業生が二名派遣される制度になっていた。もちろん私の希望した理由は、畑中先生が校長をしてみえるからであった。先生のその仕事ぶりは私の人生に大きな指針を与えてくれた。「緑の牢獄」といわれるようなビルマであったが、ここで学校運営、学校経営のあり方を一から教わった。

三度目の出会い

同じ職場に二度なることはあるが、三度となると余りない。岡崎市から広域交流教員として吉良町（現西尾市）立吉田小学校へ赴任された。そこで、先生と三年間ご一緒した。教生、ビルマ、吉田小である。先生は抜擢人事で校務主任からいきなり教頭になられた。先生もヤル気満々であった。新しい企画で、学校行事も推進された。

大学から教授を招聘し、授業研究もした。郡教頭会の共同研究も大学教授を招き、教育財政や教育行政の勉強をしてみえた。よく教頭の仕事は「職員室の雰囲気をつくることだ」と言われているが、吉田小においてもそれぞれの先生の特技を生かした学校運営、職員室経営をされた。例えば、イラストの得意な石川養護教諭には、反省会等で使う歌集を作成する係をお願いされた。各先生の持ち歌を決め、それを歌集にされたわけである。私の持ち歌は「北上夜曲」であった。畑中先生は「人生劇場」であった。

私は六年生を担任し終え、中学校へ赴任するばかりになっていたが、校長の反対で引き続き本校勤務となってがっかりしていた。五年の担任は教務主任と新卒のA先生だった。次年度の構想として、教務主任は「A先生は新卒で、指導技術が劣るから、もう一年、五年生をやらせる。六年は安井先生にやってもらう」という考えだった。私は早く中学校へ出たかったので、すぐ賛成した。だが、先生は悲しそうな顔をしてみえた。「人間を育てる仕事をしている者が、同僚や部下を育てられなくてどうする。劣る点があれば、それを補うのが管理職の仕事。『あいつは駄目だからもう一度五年生』なんて、自分の無能を暴露しているようなものだ。どんな教師でも、共に育て合うことができんような教師集団はろくな教師たちではない」と。

私が三〇代になって、役職や教科指導員の候補になったときのことである。その候補は郡内校長会で決定することになっていた。私が畑中先生に師事していることを快く思っていない校長会の幹部がいた。そのために、私の推薦はことごとく取り消された。「安井君は思想的に大丈夫か」と言われ、推薦候補から消された。先生がかつて学生時代に学生自治会の書記長をしていたからでる。私は思った。私が畑中先生に師事していることが、昇進を妨げているとすれば、結構である。昇進などしなくてもいい。先生についていこうと、先生を慕っていた。

定年後も児童生徒の相談員に

畑中先生は教頭時代が長かった。九年間であった。あまりにもひどい。反骨精神から市教委や教育長に対して抵抗するところがあったからであろうか。三河でも、いや全国でもトップをいくような先生を教頭として塩漬けした。校長はわずか四年。新任校長が行く、常盤中学校である。しかし、先生はよく耐えた。「地盤のない俺を岡崎は拾ってくれた。岡崎市に感謝している」と。

定年後、お世話になった岡崎市の不登校児童生徒のための適応指導教室、ハートピアの室長を五年間務めた。地元へのお礼奉公である。自分の専門を生かして、不登校や家庭内暴力に悩む保護者の相談にのっていた。定年後、保護者のための講演会の講師で来ていただいたことがある。雪の積もった翌日であった。目に眼帯をつけていた。私には雪で滑って転んで目を打ったと言ってみえたが、おそらくそれは暴力少年に殴られたのであろう。そのぐらい誠心誠意に努めた先生であった。

戦後の浮浪児、新任のへき地校、附属の特殊学級、中学校の生徒指導、ハートピアでの不登校児童生徒の指導と、常に社会の底辺、恵まれない子どもたちに温かい手をさしのべた先生の生涯であった。先生こそ日本のペスタロッチであると私は思っている。

我が道を歩んだ熱血人、牧富也先生—教育者・植物学者・歌人—

牧富也先生の略歴

昭和二年吉良町吉田に生まれる。西尾幼稚園、吉田小学校、県立西尾中学校、師範学校（現愛知教育大学）卒業。昭和二二年西尾中学校へ赴任（一九歳）。その後、胸を病み、教員保養所へ。杉浦敦太郎と同室となり、大いに影響を受ける。昭和三〇年横須賀小学校へ。六年間に四、五、六年（この三年間後述のAさんを担任）、二年、一年（筆者山本を担任）、三年を受け持つ。昭和三六年再び西尾中学校へ、その後、平坂小学校へ。昭和四五年県派遣海外研修アメリカ・ニューヨーク五週間。昭和四八年新設蒲郡三谷東小学校へ。蒲郡に移住。市制二〇周年に「蒲郡市民の歌」歌詞応募、当選。昭和六二年希望退職。蒲郡市青少年センター所長（三年）。県立三谷水産高校、蒲郡高校、准看護学校へ。平成一二年五三年間の教職終える（七二歳）。退職後、蒲郡市観光ボランティアガイドを務める。平成一六年市制五〇周年式典に牧夫妻が市民代表に。平成一八年妻美津子ガンで他界、独居に。平成二四年脳梗塞に倒れリハビリ生活へ。平成二五年脳梗塞再発、永眠、享年八五歳。

優しい担任の先生

私は牧先生に小学一年生の時に担任していただいた。入学直後風邪をこじらせて一ヵ月近く欠席した私だが、順調に学校生活に戻れたのは先生の温かいご指導のおかげだった。先生は植物に詳しく、子ども心に理科の先生だと思っていた。私が教師になり西尾幡豆国語の会に入って初めて、専門が国語で会の大先輩であることを知った。そういえば、私は小一の学芸会の幕間で「伊勢湾台風」の作文を読んだ。台風の夜一家総出で家を守ったこと、作文にその様子を書いたこと、観客の前で作文を読んだことは、六〇年を経てなおくっきりと私の記憶に残っている。私が国語教師になったことを遡ると、牧先生の熱心な作文指導に繋がっている気がする。きわめて不肖の教え子ではあるが。優しいけれど強いまなざし、熱い語り口調、張りのある凛とした歌声は、断片的な思い出の中で先生の印象として残っている。長じて国語の会でお会いすると、いつも温かい言葉をかけてくださった。「国語の会の歩み」の編集にも熱心に参加し後輩を導いてくださった。しかし、若き日の牧先生は、反骨精神に富んだ熱血教師であったという。その姿を中心に、横須賀小学校で三年間牧先生に担任してもらったAさんにご執筆いただいた。（以下、「横須賀小での教育実践」から「歌人として」まで）

横須賀小での教育実践

昭和三〇年西尾中から横小へ転任、二七歳であった。若くて元気一杯、初めての小学校に夢中であった。授業がすむと、子どもたちと自転車で野外へ、植物・岩石・古墳など調べにいった。先生たちにもサークル活動を組織し、学校を上げて取り組んだ。学校の目抜通りに「一日一草」のコーナーを作って展示した。クラスでは「作品ノート」に詩を書き詩集を作ったり、村の歴史を調べ劇化して学芸会をやったり、職員劇をやったりと充実した楽しい日々を送った。

古墳は岡山の「江稜園主人」加藤利左衛門の世話で若宮一号墳を見学、生徒達は発掘された銅鏡などに大いに興味を持った。創作劇「中野の大松」は六年東組が二月の学芸会に上演したが、これを見た中野の人たちに中野の春祭りにも是非と熱望された。〝卒業してしまうので無理だ〟といったら、四月の祭りを一ヵ月早めてくれて、三月に再演した。わらべうた「中野の大松」は牧の作詞・作曲であり、四番の「三州中野の大松は天をおそれて地にひらくエイホーイホイホイ」を劇のおわりに歌った。

課外活動として「三匹の子豚」の紙芝居づくりに取り組んだ。バケツに新聞紙とのりを混ぜ合せて練り込み紙粘土をこしらえた。紙粘土で子豚とオオカミの頭づくり、オオカミの目はビー玉をはめ込み眼光鋭いものに仕上がった。牧は主役級のオオカミの人形を二体選び採用した。ひとつは恵まれた家庭の生徒の作品、もうひとつは母子家庭の生徒の作品であった。母子家庭の家は仮住まいの狭い一軒家で、生徒には色白で金髪の妹がいた。人形劇サークルは隣村の吉田小、荻原小まで遠征して「三匹の子豚」を上演したが、牧はこの二体のオオカミを分け隔てなく交互に使う配慮を見せた。

〈教え子Wのこと〉煎餅屋の父親は昔かたぎの一徹もので、喧嘩で泣いて帰ると、慰めるどころか逆にゲンコツをくらわした。中学を卒えると、すぐ横浜に小僧にいき、その後神奈川で八百屋を開業した。昭和六二年牧が退職したとの知らせを受け、ネクタイと押し葉のクローバーと手紙を添えた小包を牧の自宅に送った。(『このみち』(1)に投稿した牧の文章より)

〈教え子Sのこと〉大学を卒業後フランス料理を学び、名古屋で〝白亜館〟を開業し身代を築いた。しかし老境に入って脳梗塞を患い闘病生活となった。恩師牧先生が同じ境遇にあることを伝え聞き、自分の経営する蒲郡ラグーナのフランス料理店「ラ・メゾン・ブランジュ」に是非一度招きたいと願った。足が不自由な身でありながら同級生を誘い、蒲郡市三谷町の牧の自宅を四人で訪問した。平成二四年蒲郡ラグーナでの五四年ぶりのクラス会はこれがきっかけで実現した。

〈教え子Aのこと〉大学を卒業後繊維会社に就職し新製品開発を仕事とした。退職後牧の薫陶か遺跡の発掘に興味を持った。牧は瀬門神社寄名山一号墳の発掘現場を訪れ、泥にまみれた教え子の姿に感銘し、『考える葦』（杉浦敦太郎の遺稿集・平成八年）を贈呈した。

退職後の人生

前述『このみち』（昭和六三年蒲郡市教員会発行）に牧の教師としての心情が如実に語られている。

「想えば、小一から中三そして特殊学級と担任した千数百人、この四十年間―『先生』というのがいやで『ぼくは』で通し、『仕える』を禁句として口にせず、マイペースでずいぶん世にさからってきた。長い間には、何度かピンチがあった。ある校長から『辞めたら』といわれたとき、『ぼくの教え子を見ると、自分の教育はまちがっていなかったと確信します。自信がなければすぐ辞めます』と断言した。絶体絶命の土壇場で、心の支えとなり、ぼくを救ってくれたのはいつも教え子たちであった。今も彼等は、ぼくの心の支えであり、ひそかな誇りと喜びである。」

〈尚古荘〉昭和初期に、妻美津子の父米穀商大黒屋岩崎明三郎によって作られた日本式庭園。平成八年四月に西尾市歴史公園の一角として、無料で公開されることになった。平成一〇年蒲郡タウン誌『おいでん』六二号に尚古荘を紹介、また平成一七年には『庭』に尚古荘が掲載された。平成八～一四年の七年間で八七回、五三六人を牧夫妻が案内したなど、尚古荘に対する思い入れはひとしおであった。

〈妻美津子の死〉平成一八年三月十三日生涯の伴侶である妻美津子が永眠七四歳。富也七八歳。この年、『このみち』第四四号（平成一八年三月蒲郡市教職員会発行）に「過去から未来へ」を投稿。この時の「おぼえがき」に病床にある妻と二人三脚で執筆に取り組んだ様子を伝える。また親しい友人、知人宛の草稿「おせわになりました、ありがとう」を作成。〃十二支にちなんだ植物の年賀状は、美津子の発案で始めました。文章は美津子、その清書と絵は富也と分担してきて、ちょうど十二支が一巡しました。〃と記し、妻永眠の経緯、角膜の提供、献体などを披瀝して長年の厚情を感謝した。

〈吉良の人物史〉平成一八年一月一〇日旧吉良町生涯学習課から吉良の人物史の原稿執筆依頼が来る。牧の担当は岡本萬、稲垣錦箒庵、鳥居國男、天野清兵衛であった。牧は教え子Aに天野清兵衛（Aは清兵衛の玄孫）の執筆を打診したがAは喜んでこれを引き受けた。『吉良の人物史』は平成二〇年三月二九日に発行された。

〈田中長嶺事跡顕彰会〉平成二一年十一月一四日、田中長嶺事跡顕彰会発会式（代表杉浦銀二、事務局長中条長昭）があり、発起人の一人として鈴木悦道と共に牧富也も名を連ねた。近代菌類学と殖産事業の先駆者「田中長嶺」企画展が岩瀬文庫で開催され、牧は所蔵品「草木写生図」、「菌類写生図」、「七草図」の三点を出品した。顕彰会活動は平成二二、二三年と続いた。

牧を導いた先人達

〈鳥居國男〉教育者・アララギ派歌人。吉田小学校に昭和五年から一四年まで勤務、小学生の牧は鳥居の薫陶をうける。昭和二四年「葦」短歌会。昭和三一年没。昭和五八年遺稿集『山吹の花』がある。牧の歌人としての素養は鳥居によって育まれ、才能が開花した。

〈田中長嶺〉西尾聖運寺に保管されていた田中の遺品を牧は安井広と共に整理・調査した。安井は牧が横小在職中、上横須賀上町で小児科医院を開業しており、その時期知り合ったものと思われる。安井は田中の業績を詳細に調査し、昭和四二年『明治殖産業の民間先駆者田中長嶺の研究』を著す。牧の植物学への関心そして写生図などの画才は田中の影響を大いに受けた。

〈杉浦敦太郎〉教育者・アララギ派歌人・西尾市史編集委員長。岡崎師範学校の先輩（二一五頁参照）。昭和一四年軍国主義教育の風潮が強まっていくことに抵抗して幡豆郡綴方教育研究会を鳥居國男らとともに発足させた。昭和五八年歌集『葦の葉』を発刊。昭和六〇年没。平成八年遺稿集『考える葦』の発刊にあたって牧は献身的に協力した。教育者、歌人、植物学の先人として、そして考古学への造詣など鳥居國男とともに大きな影響を与えた人物である。

歌人として

平成二五年三月二〇日教え子にはがきを出す。「春分にはまたありがたい思い出ができました。著書出版を楽しみにしています。ふるさとのご活躍が嬉しいです。」

天いまだわれに命を与えしか脳梗塞より一年となる

この年脳梗塞が再発し永眠。

青春期（戦前）の体験を牧は話すことはなかった。随分過酷な運命に翻弄されたと推測されるが、内に秘めて強かに我が道を歩んだ。「先生」というのがいやで「ぼくは」で通し、教え子とも同じ目線で同伴者としての姿勢を貫いた。敢えて己の思想・信条・価値観を口に出すことを控え、行動で示した。唯一己の心情を吐露したのは得意な短歌・俳句である。同じ吉田出身で同世代の詩人茨木のり子と同様に、歌の世界で凛として光彩を放っている。

辰年を七めぐりとはありがたし生きとし生けるものに幸あれ（元日八四歳）
おだやかに鴫たち群れるこの海も地震・津波の海につらなる（三月十一日東北を想う）
病むわれにクラス会をしてくれしその優しさよ五十年経ても（平成二四年クラス会）

平成二四年教え子達のクラス会で牧は、「たびたびの転居でも本や資料や君たちの作品は大事に保存してきました。段ボール箱をつみあげて、わが家はトミヤではなくゴミヤです」と自嘲したが、本当は宝の山であるに違いない。郷土の偉人尾崎士郎の言葉がある〝人情を知ってこれに及ばず　ただ報いる能わざるを悲しむのみ〟。

後藤金好先生との思い出

牧は新卒で西尾中へ赴任、そこで生涯敬愛した後藤金好校長（一六頁参照）と出会う。当時中学校の校舎が次々と建てられ、校長会長である後藤は、各竣工式で祝辞を述べなければならない。祝辞は西尾中国語部の先生が代筆することになっていたが、部員の総意で、どうせ書き直されるのだからやめさせてもらおうということになった。そこで、主任の牧が交渉役となって校長室へ。（以下、『敬慕

後藤金好先生』(2) からの抜粋)

「祝辞は、今後いっさい書くのをやめさせていただきます。」「うん?どうして。」「どうせ書いたって先生が書き直されますから。」「書き直さなくてもいいものを書けやあ。」ぐっとつまったが、「みんな、とにかく書きませんから書く力がないから書く練習をさせているのだ。」「とにかく書きません。」「そうか、祝辞一つ書けんような国語の教員はやめてしまえ!」「わかりました。それではやめます。だが、自分の読む祝辞が書けんような校長先生もやめてください。」と言い切ってドアに手をかけたとき、「ちょっと待ってくれ。」「……。」「頼むから書いてくれ。」「はあ?」「書いてくれや。いまやめるのは困るからな。」と苦笑。「書くのは、いいつけですか、頼みですか?」「頼みだ。」「わかりました。じゃ書きましょう。」(後略)

いかにも牧らしい権力にへつらわない姿と、そういう牧を憎からず思い信頼を寄せる後藤の懐の大きさを彷彿させる。読んでいて思わず笑みがこぼれた。その祝辞は、書き直されることなくそのまま読まれ、大変好評であったと言う。

(山本啓子)

注

(1) 牧富也「このみち」『幸福はどこに』蒲郡市教員会、昭和六三(一九八八)年。
(2)『敬慕　後藤金好先生』後藤金好先生追想の記刊行会、昭和五六(一九八一)年。

「特別支援教育の夜明け」を推進した黒野勇先生

はじめに

畏友黒野勇君とは高校時代からの友である。彼は大学卒業後、地元の小学校に勤務した。向学心に燃え、法政大学経済学部の通信教育を受講し、中学、高校社会科の免許状を取得し、その後、吉良中学校で教鞭をとった。部活動では身体は小さかったが、柔道部の顧問をし、冬はアルプスにスキー訓練に行くほど活動的であった。

ところが彼自身としては今一つ満足できなかった。ちょうどその頃、教育界や医学界では、特殊教育や精神医学が問題になっていた。一方、相変わらず、教育現場では、特殊学級担任は手当が四パーセントつくということで、教務主任や校務主任につけない年輩教員、指導力に欠けた教員を配置するという傾向が強かった。

新しい分野へのチャレンジ

そんな中で、彼は今こそ、特別支援教育に力を入れるべきだという考えのもとに、吉良中学校を退職し、愛知教育大学特別専攻科（特別支援教育）に入学した。文部省や愛知県教育委員会も力を入れ始め、県下二番目の知的障がい児対象の養護学校が西加茂郡（現愛知県みよし市）に設立された。そこで専攻科を出ると、養護学校教育（肢体不自由児、病弱・知的障がい児）を対象にした研究実践に取り組んだ。三好養護学校では主に研究主任として一八年間、次の豊川・岡崎養護学校併せて三〇年間で、対象の児童生徒数は一三七九名にのぼる。豊川、岡崎養護学校では部主事、教頭、校長を歴任した。

昭和五〇年度、特別支援教育の義務化が法制化され、世間も特別支援教育に関心をもつようになった。各市町村も就学指導委員会を開くようになり、医学の専門家が入るようになっていた。私が教育長を務める吉良町においては、当時の就学指導委員長の小児科医が、住民でもある黒野先生の加入を大変喜ばれ、「これで私の役割は終わった」と言われたほどである。黒野先生は精神医学面において、医者に負けないほどの知識を持っていたからである。

愛知県教育委員会特殊教育課長、社会教育部長をされ、後に県立国府高等学校長をされた佐藤敬治は、黒野君のことを「愛知の特殊教育の鬼」と評したほどである。三好養護学校在職中は、愛知県の代表として、神奈川県横須賀市久里浜の国立特殊教育総合研究所に内地留学をした。

定年後も、西尾市全体の特別支援教育のコーディネーターとして指導にあたり、障がい児教育全般の指導的役割を果たした。障がい児の保護者一人ひとりに懇切丁寧な指導や相談にのったり、現場の先生方の指導にあたったりしている。三年後に、県立西尾特別支援学校が開校されるべく工事が始まっているが、この件についても大きく貢献した。

養護学校教育の義務制実施

さてまず、特別支援教育の歴史を見ておこう。盲教育、聾教育は、明治以来、一五〇年余りの歴史がある。点字や手話等を通して、子ども一人ひとりに即した教育が実践されている。社会からも広く理解され、社会参加と自立に向けて生活ができている。一方、知的障がい児、肢体不自由児等は、就学猶予や免除等により、正面からの取り組みが不十分であった。

昭和五四年度より、「養護学校教育の義務制」が施行される。

この法律は、画期的なものである。九九パーセントの就学率となり、ほぼすべての子どもに学籍がつき、学校教育が受けられるようになった。国、地方公共団体が責任をもって、施設、人材確保を整えることになった。この時期に黒野先生は、昭和五〇年に開校した県立三好養護学校に新任教員として赴任した。以降、三好養護学校を中心に、岡崎、豊川養護学校での取り組みを記述する。

県立三好養護学校一八年の取り組み

黒野先生は県内で知的障害児の二校目として開校した三好養護学校において、当面する課題に研究主任、部主事として、取り組んだ。

三好養護学校は、春日台養護学校に次ぎ、二校目（単独の養護学校として県内初）として、昭和五〇年に開校した。未就学あるいは家庭訪問教育の子どもが入学した。豊田加茂、愛知郡、安城等の広範囲の学区であった。

愛知教育大学の西島義雄教授の「子どもから学べ」をモットーに、学校作りのスタートである。子どもたちが、学びと笑顔で登校する、保護者が、三好養護学校に入学してよかったと言われる学校に。そして、子どもの実態については、辻村泰男「特殊教育の改善に関する答申」の「発達状況と行動の状況」を参考にした。生育歴は保護者との懇談等で、障害の発生等は「小林提樹氏の医療分類」

を基に作成した。

①　創立五周年記念第一回研究発表会　昭和五四年一一月

テーマ　わかる・できる力を育てる

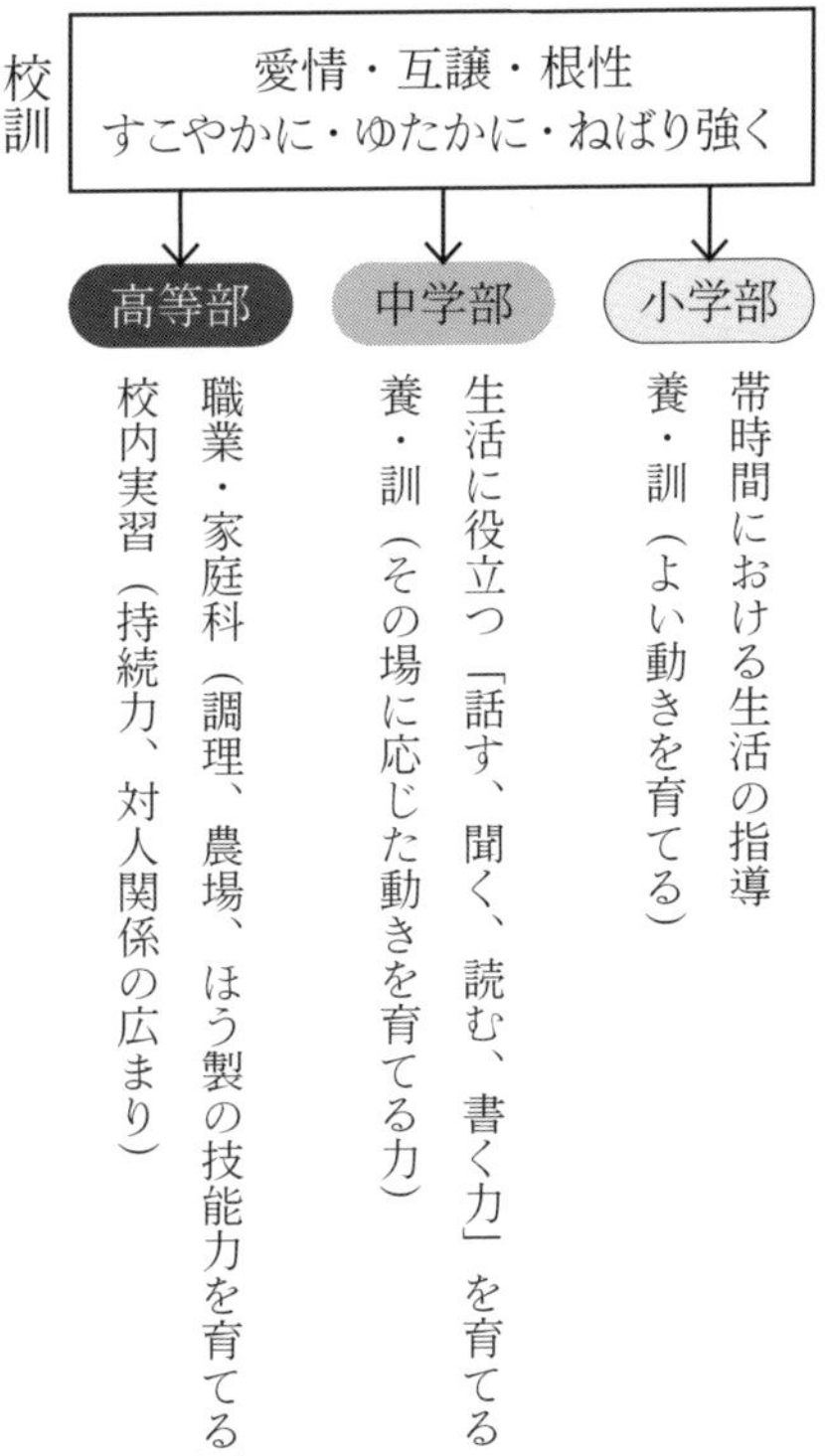

級友、職員との意思疎通が広まり、深まる。集団生活ができる基礎・基本を学ぶ。小・中・高等部の一貫性のある指導体制の確立をめざし、下図の構想で五年間の実践を発表した。

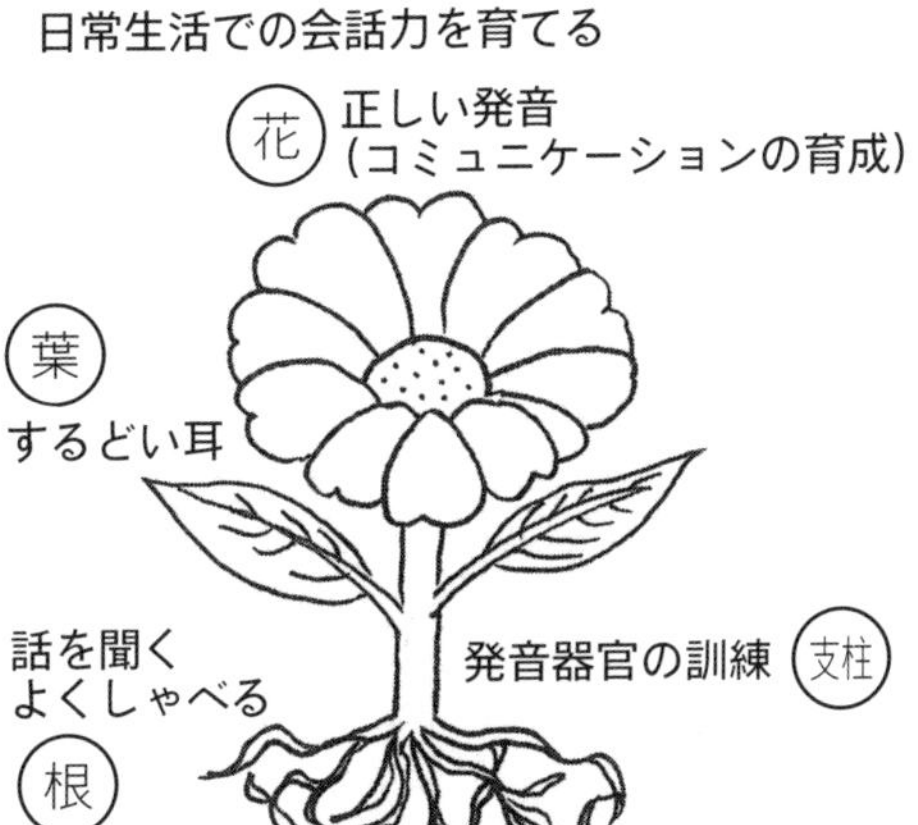

②　領域・教科を合わせた指導の在り方　県教委委嘱（昭和五六〜昭和五七年度）

在籍児童生徒は重度の重複児から軽度の発達障害児まで幅広い範囲の子どもたちである。能力差に対応した指導内容と方法を模索する日々であった。本校は、養・訓、日常生活、作業学習に取り組んできた。研究委嘱を機に、教科別指導から「領域、教材を合わせた指導形態の指導」の深化へ進んだ。

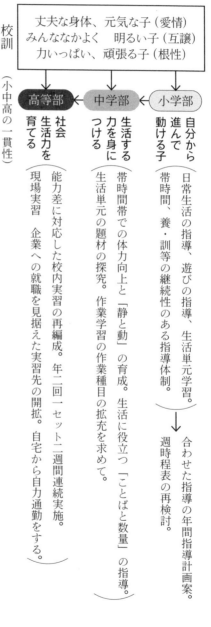

校訓　（小中高の一貫性）

丈夫な身体、元気な子（愛情）
みんななかよく　明るい子（互譲）
力いっぱい、頑張る子（根性）

小学部 → **自分から進んで動ける子**
（日常生活の指導、遊びの指導、生活単元学習。帯時間、養・訓等の継続性のある指導体制。）
→ 合わせた指導の年間指導計画案。週時程表の再検討。

中学部 → **生活する力を身につける**
（帯時間帯での体力向上と「静と動」の育成。生活に役立つ「ことばと数量」の指導。生活単元の題材の探究。作業学習の作業種目の拡充を求めて。）

高等部 → **社会生活力を育てる**
（能力差に対応した校内実習の再編成。年二回一セット二週間連続実施。現場実習　企業への就職を見据えた実習先の開拓。自宅から自力通勤をする。）

「年間指導計画書」の作成については、参加者から質問多々あり。この研究は昭和五八年度文部省主催の教育課程集会で黒野先生が発表した。

③　現場実習及び追指導　　県教委委嘱（昭和五九～昭和六〇年度）

近年、高等部卒業後、就職、その後の離職防止等が重視されてきた。本校の今までの実績が評価された。保護者、企業、本人自身にとっても現場実習と追指導は大切な分野である。「社会参加と自立」へと道が広がる。

現場実習開拓、充実のための予算措置と教育課程の位置が確立された。他校においても実習と追指導の足掛かりとなった。

追指導は、卒業後二年間実施、企業や関係機関（職安、福祉施設、市町村）とのネットワークが広がり、本校職員の人材育成にも役立った。
④　心身障がい児の理解推進事業　　県教委委嘱（昭和六二〜昭和六三年度）
テーマ　交流教育（手を取り合って共に伸びる子どもの育成）
「養護学校教育義務の実施」から一〇年が経過した。一般社会や保護者から、養護学校への理解は深まった。その一方、保護者から「健常児との触れ合いが少なくなった」「地元の同級生との出会いもなくなった」「大集団での学習経験も得られない。残念である」との声が聞かれた。
このような要望や願いに対して、国や地方公共団体は色々な施策を打ち出した。本校は県教委より委嘱を受けた。三好町（現愛知県みよし市）立南部小学校との交流教育を実践した。さらに三好中、三好高等学校とも交流を実施した。
まずは、両校職員の相互訪問を行い、両校の児童を理解する。交流の内容として、学年、全校の交流を月に一〜二回。段ボール遊び、調理実習、打越祭りへの参加、スーパー・郵便局・三好公園等の校外学習を行った。低学年の子どもたちは、ありのままの姿で触れ合い一緒に遊ぶ。三好南部小の高学年の児童は、助け合う，見守る、支援する等の成長が見られた。作文交流等では、保護者へも交流の姿が広まった。
⑤　心身障がい児の適正就学の在り方　県教委委嘱（平成二〜三年度）
障がいを有する幼児の保護者にとって、小学校一年生の入学先を決めるのは、一大事である。盲・聾・

養護学校は、どのような勉強を行っているか。どのような子どもたちが在籍しているかを知ることが肝要である。毎月、六～八月ごろ該当小学校の先生や市町村教育委員会から、相談の声がかかる。

盲・聾学校は百数十年の実績があり、幼稚部の段階で就学に関する相談等が充実している。一方、養護学校（肢体不自由、知的障がい、病弱）の情報、実態が広く社会に伝わっていない。

保護者、関係機関の職員に就学に関する事項を理解する機会を持つ場を設定することが急務である。本校は、県教委の委嘱を機に、就学、進路の行事等の研究、充実に努めた。

年二回　養護学校見学会を開催（六月と九月）

本校の概要説明　養訓、生単、作業学習の内容。小・中・高一二年間の軽度から重度重複障がい児までの一貫指導について。高三卒業の進路先。チームティーチング方式による指導　一人ひとりに即した指導　授業参観　幼児の一年生授業参加。個別懇談。関係諸機関との情報交換。本校保護者の体験発表。二年間の委嘱の実践成果　両親の参加多が多くなり、地元の特殊担当の研修に役立つ、随時個別相談の充実。

子どもにせまる指導実践

一八年の三好養護学校勤務後、岡崎養護学校（三年）、豊川養護学校（九年）に勤務した。その三〇年間で一三七九名の児童の実態を調査し、運動機能向上訓練を行っていた。

一九一ページの表①は、そのうちの一八年間の記録の一部である。また、自閉症児の指導においても表②のようにまとめていた。

表① 三好養護学校18年間437名の障害の分布状況の一部（平成4年5月12日現在）
小林堤樹氏の「障がいの発生時期的分類方法」による本校の状況（昭和50年〜平成4年）

障害の発生時期	種類	小学部	中・高等部	卒業生	小学部		中・高等部		卒業生		合計	
					人数	%	人数	%	人数	%	人数	%
性細胞	原発性(家族性)精神薄弱	14	23	71	14	(13)	23	(16)	71	(36)		
	母親 分裂病	5	12	6								
	母親 アルコール中毒症	1	1									
	母親 高齢 肥満 原発性	4	4	7								
	血族結婚(パーキンソン病)		3	2								
	結節性硬化症	1	1	1								
	脳白質代謝障害(ジストロフィー	1										
	進行性筋ジストロフィー症			3								
	体質性疾患(過敏性リウマチ)	1										
	甲状腺異常ミオクローヌス症		1		13	(13)	28	(20)	22	(10)	171	(40)
	甲状腺機能低下症			1								
	フェニールケトン尿症			1								
	プラダーウイリー症		2									
	ローレンスムーンビードル症			1								
	脳 代謝異常		1									
	コルネリア・ド・ランゲ症(せむし)		1									
	ヒルシュブリング病(腸閉塞)		1									
	小人症		1									
受精	染色体異常 21トリソミー(ダウン	7	17	18	7	(7)	17	(12)	18	(8)		
	染色体異常 5番欠損(ねこなき	1										
	染色体異常 9番、13番、18番欠	3										
	排卵誘発剤使用 出血あり	1	1									
	頭蓋奇形 狭頭症(多指)	1										
	頭蓋奇形 脳萎縮症	1	2		9	(9)	7	(7)	5	(2)	63	(14)
	頭蓋奇形 脳梁欠損症	1										
	頭蓋奇形 小頭症	1	4	2								
	血液型不適合			1								
	脳下垂体異常			1								
	外胚葉不全			1								

表② D・ドーマン方式による指導95名（3カ年の歩み）
昭和50年4月〜昭和63年3月（12年間、三好養護学校）

NO	仮名	性	主障害	指導開始の学年（期間）	事例研究名（指導の成果）
1	ルリ	女	肺炎後遺症 軽度脳性マヒ	S51.4〜54.3 3年生（4年間）	座位姿勢から立ち上がれるようになった（運動機能向上）
2	優子	女	正期産 (2600g)	S51.4〜54.3 6年生 (4)	母音の発語、喃語の表出が少しずつ出てきた。（牧江と共同）
3	良子	女	高熱性疾患	S51.4〜54.3 (4) 4年生	50音積み木で友達や家族の名前を1文字づつ並べることができるようになる。 排泄(小便)が自立する。（箱庭療法による養訓、若林と共同）
4	小学校5・6年生(12名)	男女		S50.4〜52.3 (2)	敏捷性と自主性を育成した2ヵ年の体育指導 小学部5・6年生 サーキットトレーニングコースを設置。安藤と共同
5	治夫	男	未熟児	S50.4〜55.3 (5) ⑪1年生	運動機能の向上とあいまって、言語活動が飛躍的に伸びた5ヵ年のあゆみ。柴田と共同
6	光男	男	人工破水による仮死出産	S54.4〜56.3 (2) ⑪2年生	体位の交換（正座とあぐら姿勢）ができると同時に日常生活が自主的に行えるようになってきた。黒川と共同
7	富子	女	仮死出産 右視力弱い	S51.4〜55.3 ⑪1年生 (4) S55.4〜57.3 (2) ⑪1年生	片足立位によるロープ渡りと合いまって、身のまわりの言語活動が活発になる。 ワニ歩き移動の訓練と同時に手を掴って歩行できる。 ひらがな50音模型でことば遊びを意欲的にする。 三浦と共同研究

自己研鑽及び各種発表

多くの自己研鑽項目や研究発表があるが、ここでは主なもののみ記載する。

昭和四九年　愛知教育大学特殊教育専攻科　小林提樹氏の「障がいの発生時期的分類」の研究

昭和五六年　国立特殊教育総合研究所（重度・重複コース三カ月）受講　神奈川県久里浜にて。

大平明徳氏ほか多数。大脳皮質、網様体賦活系の研修・研究。

昭和六三年　文部省科学研究費奨励研究（B）　中度脳障害児が四つ這移動ができるまでの経年研究

軽度肢体不自由児の運動機能変換訓練の試作と実践

昭和五八年　全国特殊教育課程研究大会　生活単元学習の実践　領域・教科を合わせた教育課程　発表

平成八年　全国養護学校教頭会（群馬県大会）　地域ＰＴＡとの連携を進める教頭の役割　発表

平成九年　第三一回全国特殊教育振興協議会　地域における障害者雇用の現状と課題　発表

平成一四年　全国養護学校校長会研究発表会岐阜大会　愛知県内高等養護学校の指導実践　進路先の開拓　発表

他者みな師なり

彼は三〇年間の特別支援教育に携わったことに感謝している。とくに、①大脳の機能等について、医学界の先生方から多くのことを教えていただいたこと。②軽度発達障害の原因・状況及び指導内容と方法について先覚的な実践ができたこと。③発達診断学等について国や県教委の研修制度を受けることができたことなどである。黒野君の特別支援教育に果たした役割も大きかったが、自信を持って話す彼の顔を見ることが嬉しかった。

第3章　二三人の教育者から学んだこと（鼎談）

左から安井，石川，髙橋，福應

鼎　談

前名古屋学芸大学教授　安井克彦
元西尾市立横須賀小学校長　髙橋英夫
現名古屋学芸大学特任教授　福應謙一
（司会）元西尾市立一色西部小学校長　石川始史
（令和元年十月三一日　於西尾市福地ふれあいセンター）

出版の意図

司会（石川）　今日はよろしくお願いいたします。はじめに、編著者の安井先生、出版した目的をお話しください。

安井　十年ほど前に、「教育実践や教師に対する影響度」「力量を高める上で重要なこと」を調査しました。その時、トップになった項目は「優れた先輩や指導者との出会い」だったわけです。素晴らしい教師に出会うことが、自分が成長していく最も大切で重要なことだというわけですね。もちろん、そういう教師が校内や市内にもいらっしゃることも多いわけですが、ここではもう少し視野を広げて、三河地区で探ってみようと思ったわけです。

私どもが若いころからすばらしい実践家と仰いでいた方はもちろん、第一線は退かれましたが、最近まで活躍された方など。そのような素晴らしい方は三河にはたくさんいらっしゃるわけですが、私の知る範囲で二二名を選ばせていただきました。

これらの方々の中には、教科に強い方、学校・学級経営に秀でた方、人間的に素晴らしい方、研究的態度が素晴らしい方々等さまざまです。そういう先生方の教師としての生きざまを読まれれば、きっと現場の先生方の役に立つと思います。そのような先生に近づこうとされるに違いありません。

今の教育現場は、必ずしも楽観できる状態ではありません。神戸市では、小学校教師いじめ事件がありました。職員室の雰囲気はどうでしょうか。子どもの不登校一六万人、いじめ六四万件という数字を見ても、子どもたちはよい環境に置かれているとは言えませんね。

しかし、私は、大部分の教師はやる気があると思っていますし、必死でがんばっていると思います。

そして、伸びようとする教師がいっぱいいると確信しています。こういう成長しようとする教師の一助となればと考え、出版することにしたわけです。

三河のペスタロッチたちからのメッセージ

司会　この本の原稿を読んだ感想をお聞かせください。

福應　これまで、三河の教育の基盤を作る優れた教師を多く輩出してきたと思います。今回取り上げられたのは、そのごく一部でしょう。なぜ、その人を取り上げたのか、もっと他にも立派な人がいらっしゃるのではないかと、疑問を持たれる方は多いと思いますね。私もその通りだと思います。三河は、多くの人材を輩出できる風土、土地柄なのでしょう。

ここに取り上げたのは、たまたま何か縁があった人、これまで敬服していた人だろうと思います。その中で、私としては、恵まれない子どもや、より弱い立場に置かれた子どもに寄り添い地道な教育実践をされた、真向きに生きた面々に、特に心を惹かれました。未熟な自分に思い至った次第です。

髙橋　私たちの住む三河の地には、昭和から平成にかけて、三河各地の教育の発展に尽くされた優れた教師が多数おられたことを知ることができ、三河人として大変誇りに思います。

また、執筆された皆さんは長い教職人生の中で、それらの先達を師と仰ぎ、時には厳しい指導を受けたり、温かく励まされたりして、進むべき方向をしっかり見極め、信念を持って自分の人生を生きて来られたことと思います。それは、優れた先達との出会いがあったからでしょう。それが文章から伝わってきます。

中西光夫先生が敬慕された森信三先生の言葉「人はすべからく終生の師を持つべし」「尊敬する人が無くなった時、その人の進歩は止まる」が思い浮かびます。偉大な師を持つことができたからこそ、充実した教職人生を送ることができたと言えますね。

安井　ここに紹介された方々は読書する先生が多いです。勉強家が結構多いという印象を受けました。

後藤金好、杉浦敦太郎、中西光夫先生は言うまでもなく、神谷卓爾、清水均、畑中貫一先生など、並の読書家ではないですね。みんな月給の一、二割の本を買ってみえますね。神谷先生なんか、本屋へ行けば必ず会えるというくらいだったそうですから。

苦労した先生も多いですね。中西先生は小さいころ家族が外地で伝染病にかかり、松井先生は学校を出て郵便配達で雪の晩に電報を一八キロの道を歩いて配達し、山田はる子先生は生活保護家庭でした。畑中先生は家が全焼し、神谷孝子先生は台風で家が流失しています。みんな、苦労を乗り越えてこられた方々です。

また、いわゆる人格者が多いですね。私の知っているのは、鈴木敏、粕谷智先生ですね。人間的で心の温かいのは名倉庸一、松井史郎先生かな。原稿を読んでいると、こうした先生方の人となりが伝わってきて胸が熱くなります。

かかわりの中での学び

司会　本書で紹介されている方々と、みなさんとの思い出をお話しください。

髙橋　後藤金好先生ですね。昭和五二年、愛知文化振興会初の教育研究助成打合せ会が竜城会館で開催された時のことです。

当時、振興会の理事長をしておられた後藤先生が挨拶の中で、「研究テーマに〇〇的思考力を育てる△△科学習とあるが、この人は、今までそういう授業をしてこなかったのかね」と言われ、一瞬ドキッとしました。皮肉ともとれそうですが、本質をついていてすごい先生だと思いました。

その後、振興会会報に「研究への道はけわしい」を寄せられ、その中で「研究主題にどこか切実性が欠けている」など三点を挙げ、研究というものが生やさしいものでないことを述べられました。

次は中西光夫先生です。昭和六〇年代、私が幡豆町の派遣社教主事を務めていた頃、幡豆郡社会教育連絡協議会の研修旅行を企画することになりましてね。メンバーは教育長はじめ、社会教育団体と小・中学校長の代表など約四〇名。当時、生涯学習の先進都市であった新城市を目的地に選びました。

新城市には、派遣社教主事の林吉宏さんがおられましたので、まず新城市役所を訪れました。すると林さんは私を教育長室に案内してくださり、中西教育長さんに初めてお会いすることができました。中西先生はにこにこして「私が案内しますよ」と言ってくださり、願ってもないことですので、とてもうれしかったですね。

安井　牧富也先生はね、毀誉褒貶はありますが、吉良町立横須賀小学校時代、保護者が来年も牧先生にしてくれるよう校長に談判に行ったという逸話があります。

名倉庸一先生は亡くなられる少し前、市民病院の病床で手を握っていただき「やっさん、ようがんばったなあ」と言ってくださったことが忘れられません。先生は運転免許証を取得されませんでした。通勤も奥さんに送ってもらい、通学路の途中で降りてワルの通学路をわざと通り、いっしょに歩いて登校するようにされていたそうです。

清水均先生は読書家で、定年後には夏目漱石を研究するのだと言って、研究書を漁ってみえました。教師の鑑ですね。現職で亡くなられたわけですが、通夜の晩に、枕元には、その書籍が並んでいたそうです。

福應 私が執筆を担当した岩月榮治先生は、私が新任教師の頃には既に校長先生で、親子ほどの年の差でした。たまたま令和元年八月に逝去した叔父がPTA役員をしていたお陰で、縁あってお会いしました。その時の印象は、とてもエネルギッシュで前向きな方だとお見うけしました。小柄でしたが教職中はもとより、幼少の時から退職後までほとんど病気をせず、走り続けられました。先生は「健康な体は親のお陰だ」と感謝していらっしゃいました。先生がほっと一息つくのは、一年に一度の五月の連休の家族旅行だったようです。親子三代そろって社会科関連の名所・旧跡を訪ねることが多く、やはり仕事に直結していたのかなと思います。

その岩月先生においても、師と仰ぐ方がみえました。先生が、梅園小学校時代に教頭として仕えられた後藤金好先生です。人と人との出会いはまったく偶然で、それを生かすのは受け手の姿勢によると思われます。同様のことを他の方々も書いておられますが、先達の姿を見て感動を以て受け入れるものの、自分の中に取り込んでいくことはなかなかできることではありません。先達に学ぶ心持ちを、私も、この期に及んでも一生持ち続けたいと思っております。

今、なぜ

司会　「今、なぜペスタロッチなのか」を、教育の現状とのかかわりの中でお話しください。

安井　私は、新任でビルマの日本人学校に赴任しました。中学校時代の同級生が壮行会を開いてくれましてね、みんなで色紙を回した時、そこに私は「ペスタロッチ精神で」と書きました。新任の頃は、子どものためにという精神が強かったのですが、それが年を取るにつれ薄れてきましたね。

今、子どもたちを見ると、やや生気や明るさがないですし、いじめや不登校があります。教師はどうあるべきか。ここに登場していただいた二二名の先生方は、いずれも教育の理想を掲げ、子ども・学校を中核にした人間教育をされた先生ばかりです。まさに三河のペスタロッチであり、日本のペスタロッチです。「こういう先生に続け」が私の願いです。

福應　教育改革が叫ばれている時勢において、子どもの学びをどう育てるかが大きな問題です。人のあり方、人の働き役割の見直しも迫られています。そういった時に、ペスタロッチの子どもを主体とした「人間性尊重教育」の重要性に注目が集まることは必然と考えます。

「生まれてきてよかった、生きていてよかった」と心から言える人生・社会・国家づくりを、教育に携わる者の基本的スタンスとして持ち続けたいものですね。

ペスタロッチは、子どもの人間性や才能を伸ばすことを重視した教育家です。本書で紹介されている方々には、子どもに寄り添いながら指導しておられる教育者が多くいらっしゃいました。これまで、ペスタロッチの在り方、生き方が、三河の教育に反映されてきていると考えるところです。

髙橋　教育の営みは、多くの教師、子どもたちとのかかわりの中で行われ、その内容は実に幅広く、奥の深いものです。ここに紹介されている二二名の先達の、教師としての生きざまや児童・生徒への影響と教育界への功績等を、本書を通して具体的に知ることができます。

一方、教師は教職人生を歩みながら、自らがめざす教師像を問い続けていくものです。本書を読むことによって、「めざす教師像は」と考えると、求められる資質や能力などに気づくことができると思います。

三河の教育をリードしてきた教育者たちが兼ね備えていたと思われる教育理念、教育愛、人間愛、人間性、使命感、情熱、組織をまとめる指導力、教科等の専門的力量、学び続ける意欲、豊富な読書等、ぜひ、参考にしていただきたいです。

司会　これは、まさにペスタロッチの精神につながるものですね。

三河のペスタロッチたちに感謝

司会　本書の出版に期待するものをお聞かせください。

福應　教育界で偉業を成し遂げられた方がある一方で、生涯を通して目の前の子ども個々に対峙し続けてこられた方、また行政的手腕を大いに発揮された方等、登場された方は多様となりました。故人となられた方がほとんどで、直接にお話を聞くことはできませんが、先達の歩まれた足跡をたどり、学校教育の指導の一助としたり、今日の日常生活を考えるヒントにしたりすることができれば幸いです。

登場したみなさんが、それぞれに共通しているのは、子どもたちが夢や希望を持てるよう、まず子どもありきで、子どもに寄り添い指導にあたっておられたことに間違いはないと確信しています。本書を読まれた方が、それぞれのペスタロッチを求めて精進されるよう願っています。私もそうありたい、そう生きたい一人です。

髙橋　教育は、時代とともに制度や内容がいかに変わろうとも「教育は人なり」ですね。小原國芳の『師道論』の中に、ディステルウェッヒの至言である「進みつつある教師のみ教える権利あり」があります。

教師は教師であり続ける以上、人間としても教師としても成長し続けなければなりません。

ぜひ、研究や実践を通して自ら学び続け成長していただきたいものです。そして、本書で紹介された先達に続く教師が、この三河の各地に現れ、新しい令和の三河の教育を創ってくださることを切望する次第です。

現役時代から、安井君と教育を語る時、「最後は教師論だね」が、いつもお互いの口から出てきましたが、本書はまさしく「三河の教師論」です。

安井　今、教育論より教師論の方が大切だと思います。ここには、二二人の教師論が書かれているわけですが、ぜひこの著を読んで、よい教師になってもらいたいですね。もちろん、二二人だけではなく、それぞれの学校に素晴らしい教師もいらっしゃるわけですから、そういう先生から学ばれることを期待しています。

二二人のペスタロッチたちの内容はそれぞれ違いますが、みなさん努力され、苦労されてこられました。私たちも先達に学び、少しでもいい教師になろうという意欲を持ちたいものですね。私は七五歳。いい教育者になることはできなかったわけですが、読者のみなさんはまだ若いわけですから、「教壇で倒れたら本望だ」と言えるぐらい子どもと対峙していただきたいですね。

この本を読んだ教師のみなさんには、勢いのある教師集団をつくっていただきたいですね。そして、子どもを愛し、授業に燃える教師になってくださることを期待しています。

司会　先生方のお話から、三河のペスタロッチのみなさんが教師としてのあり方を求め歩んでこられたこと、また、その歩みは決して順調ではなく、たゆまぬ努力があったことが分かりました。そして、この歩みを知ることは、教育の在り方、教師としての生き方を考える礎になると思います。

本日は貴重なお話をいただき、ありがとうございました。

あとがき

「いい教師になりたい」「よい学校になってほしい」と願った教師たちが、寄稿して上梓したのがこの著書です。執筆者は私が懇意にしていただいた同級生や後輩たちで、一人ひとりみな現役時代に活躍してきた教師です。そして、それぞれの執筆者の尊敬した教育者が、二二人の「三河のペスタロッチたち」です。かつての恩師であったり、上司であったり、同僚であったりしたわけです。

ペスタロッチは私たち教師の憧れの教育者であります。ペスタロッチの研究家でもない、上辺しか知らない私が、「三河のペスタロッチ」という書籍名をつけたことに対して、内心忸怩たるものがあります。しかし、それには五〇有余年も前からの思いがあります。新装なった大学の図書館で、新任教師をめざして、国内外の教育者の自伝を読みました。中でもペスタロッチに強い感銘を受け、教師への覚悟を新たにしたことを覚えています。

「師厳にして然る後道尊し」（『礼記』）。

教員にはなれたが、子どもの心に灯をともす教育者にはとうとうなれなかった、というのが偽らざる気持ちです。その点、「三河のペスタロッチたち」の生きざま、教育実践には羨ましいものがあります。努力家であり、さまざまな苦労もされました。人間的にも温かい人たちです。これは三河だけに限ったことではない。全国どこでも、こういう教師がいると確信しています。それぞれの学校の先生たちがワンチームになれば素晴らしい学校になるにちがいありません。「蘇れ、ペスタロッチ！」、ペスタロッチのような、理想に燃えた教師が多くなれば、教育界も活気が出てくると思います。多くの三河の教師たちが、いや日本の教師たちが、祖国日本のために邁進されんことを切に願っています。

末尾になってしまいましたが、この書を上梓するきっかけを作ってくださったのは私の仲間です。仲間の一言が無かったら、この書は陽の目を見なかったかもしれません。また仲間の皆さんの支えがなければ、実現不可能であったと思います。終始バックアップしてくれた畏友髙橋英夫君、浅岡文雄元西尾市教育長、石川始史・外山正志の両君、前任の大学の同僚福應謙一君、快く引き受けてくださった執筆者の皆さん、黎明書房の武馬社長さん、伊藤大真さん……お世話になりました。皆さんに心からお礼申し上げます。

昨年度も教育界は明るいニュースはありませんでしたが、現場の教師が希望を持ってやっていけば、きっと素晴らしい子どもたちが育つに違いありません。現場の教師一人ひとりがペスタロッチ精神をもって、子どもと対峙していけば、日本の未来は明るいでしょう。子どもたちに「光」のあることを祈っています。

令和二年五月　吉日

新型コロナウィルス感染収束を願いつつ

編著者　安井克彦

執筆者紹介

安井克彦	1944年生。編著者紹介参照。下記担当者以外の個所を担当。
髙橋英夫	1944年生。安城市立二本木小学校長。西尾市立横須賀小学校長。 加藤巌先生・鼎談担当。 著書『「教師とは」金沢嘉市の拓いた教育の世界』つなん出版
梶尾長夫	1944年生。岡崎市立六ッ美北部小学校長。岡崎市立甲山中学校長。 神谷卓爾先生担当。著書『子どもの輝く総合学習』黎明書房
浅岡文雄	1946年生。西尾市立西尾中学校長。西尾市教育長。 杉浦敦太郎・高橋渡先生担当。論文「植物色素の保存法」
石川始史	1946年生。西尾市立一色東部小学校教頭。西尾市立一色西部小学校長。 鼎談・校正担当。著書『潮騒の子どもたち』荘人社
松山美重子	1946年生。豊田市立挙母小学校長。愛知教育大学特任講師。 清水均先生担当。 著書『国語科基礎・基本の力を育てる帯学習のアイデア』明治図書
富田　晃	1946年生。西尾市立東部中学校長。西尾市立西尾小学校長。 名倉庸一先生担当。論文「戦後新教育の理論と実践に関する一考察」
福應謙一	1947年生。岡崎市立連尺小学校長。名古屋学芸大学特任教授。 岩月榮治先生・鼎談担当。著書『この子の輝く授業』明治図書
鴨下宣彦	1947年生。岡崎市立矢作北中学校教頭。岡崎市立北野小学校長。 古橋睦典先生担当。論文「子どもを意欲的に追究させるための一考察」
石田範子	1948年生。豊橋市立玉川小学校長。豊川市立豊川小学校長。 山本哲子先生担当。
野々山里美	1951年生。刈谷市立富士松中学校長。名古屋学芸大学特任教授。 近藤啓七先生担当。 著書『算数科習熟度別少人数指導のハンドブック』明治図書
外山正志	1952年生。高浜市立吉浜小学校長。西尾市立一色中部小学校長。 編集担当。著書『地域に根ざした総合学習』黎明書房
山本啓子	1953年生。西尾市立横須賀小学校教諭。西尾市立吉良中学校教諭。 牧富也先生担当。論文「戦争を語りついで—地域と関わった総合的学習」
杉浦　徹	1955年生。新城市立協和小学校長。新城市立東郷西小学校長。 渥美利夫先生担当。著書『校長だより・止揚』（カミヤマ印刷）
藤嶋力央	1955年生。愛知教育大学附属岡崎中学校副校長。 豊田市立足助中学校長。粕谷智先生担当。 著書『未来を生きぬく子ども』明治図書

編著者紹介

安井克彦

1944年，愛知県に生まれる。

1966年，愛知教育大学教育学部卒業。

2008年，愛知教育大学大学院修士課程（教育行政・教師教育専攻）修了。
小中学校教諭，小学校長，愛知県教育委員会，吉良町教育長を
経て，名古屋学芸大学教授を歴任。

2018年，名古屋学芸大学退職。

著書

単著

『教師のライフコースと力量形成』（黎明書房）

『教育学研究序説』（荒川印刷）

共著

『教職概論』（一藝社）

『事例で学ぶ学校の安全と事故防止』（ミネルヴァ書房）

三河《みかわ》のペスタロッチたち―三河《みかわ》の風土《ふうど》に生《い》きた教師《きょうし》―

2020年9月1日　　初版発行

編著者　安《やす》　井《い》　克《かつ》　彦《ひこ》
発行者　武　馬　久　仁　裕
印　刷　株式会社太洋社
製　本　株式会社太洋社

発行所　株式会社　黎《れい》　明《めい》　書《しょ》　房《ぼう》

〒460-0002　名古屋市中区丸の内3-6-27　EBSビル
☎052-962-3045　FAX052-951-9065　振替・00880-1-59001
〒101-0047　東京連絡所・千代田区内神田1-4-9 松苗ビル4F
☎03-3268-3470

落丁・乱丁本はお取替します。　ISBN978-4-654-02334-9